Mai en français

Herman Gorter

Mai

en français

édition bilingue
introduction et traduction
par Nicolaas Jan Ouwehand

La Rose des Vents

© 2025 Herman Gorter
Édition : BoD · Books on Demand,
31 avenue Saint-Rémy, 57600 Forbach,
bod@bod.fr
Impression : Libri Plureos GmbH,
Friedensallee 273, 22763 Hamburg (Allemagne)
ISBN : 978-2-3225-6060-8
Dépôt légal : février 2025

INTRODUCTION

Cette traduction du « Mai » de Gorter donne au public francophone la possibilité de découvrir un texte fondamental de la littérature des Pays-Bas. Le *Mai* de Gorter est un poème de 4381 vers célébrant l'arrivée du printemps : aussi simple que ça, mais quel monument ! Voyons d'abord brièvement ce qui constitue la difficulté du « Mai » de Gorter, et ce qui en fait la valeur.

D'abord il faut savoir que Herman Gorter, né en 1864, est étudiant en latin et grec à l'Université d'Amsterdam au moment où il compose son fameux poème, dans les années quatre-vingts du dix-neuvième siècle. Tous les principes de la versification lui sont donc familiers, ainsi que tous ces poèmes classiques de grande envergure, Iliade, Odyssée, dont on apprend par cœur des pages entières pour pouvoir les réciter de tête...

Pourtant, malgré ou à cause de cette familiarité avec les classiques, le poème qu'il est en train de composer est quelque chose de complètement nouveau. Dès les premiers vers le jeune inconnu annonce son ambition : « Un nouveau printemps et un nouveau son », rien de moins. Ce sont des pentamètres iambiques — ce qui en français équivaut à des décasyllabes — dans une langue originale et très personnelle, pleine de néologismes et de mots inventés, avec une syntaxe étrange qui semble parfois plus proche du grec ancien que du néerlandais moderne.

Ce poème de 4381 vers est entièrement composé selon le schéma de la rime plate : aa bb cc... Or, qu'il s'agisse de vers iambiques en néerlandais ou de vers syllabiques en français, la rime est un élément rythmique qui marque d'un accent la fin de chaque vers. Aussi ce schéma plat, soutenu sur des milliers de vers, devrait mener à une monotonie insupportable. Pourtant il n'en est rien. Car le poète a fait un usage systématique et fort judicieux de l'enjambement et de ce que l'on pourrait appeler « la rime escamotée ».

Considérons les huit premiers vers du poème :

Un nouveau printemps et un nouveau son :
Je veux pour ce chant la modulation
Que j'entendais avant la nuit, l'été
Près des canaux d'une ancienne cité —
Dedans il faisait sombre, mais la rue
Rassemblait le crépuscule, et les nues
Brillaient encore, quelques reflets blonds
Couvraient les fenêtres de ma maison.

Il y a déjà cinq enjambements dans ces huit lignes, et dans les quatre paires de rimes aucune ne présente d'accentuation rythmique sur les deux fins de vers. Ainsi dans « un nouveau son » l'accent tombe sur « son », mais dans « la modulation que j'entendais » il n'y a pas d'accentuation sur la dernière syllabe de « modulation ». La deuxième rime de la paire a donc été escamotée. Le poème est libéré des contraintes de la rime et se met à respirer, recherche un rythme plus ample et mène une vie propre. Mais alors pourquoi escamoter des rimes qu'on s'est donné tant de peine à établir ? Justement pour ce paradoxe : un poème libre en vers réguliers. Et parce que la rime a une logique que la logique ne connaît pas.

Quand Gorter se mit à lire « Mai » en public après en avoir terminé la composition, ses auditeurs furent frappés par ce style très osé pour l'époque. C'était en 1889, le poète avait vingt-cinq ans et il fut accueilli à bras ouverts par les chefs de file du « Mouvement de quatre-vingts », par l'avant-garde artistique et littéraire de son temps. Des poètes et des écrivains dont la réputation était déjà bien établie, Willem Kloos, Albert Verwey et Frederik Van Eeden le reçurent chez eux pour des lectures privées. Le peintre Van Looy organisa des réunions dans son atelier, où pendant trois soirées l'on écouta le jeune homme lire son œuvre. Plus tard le peintre écrivit : « Ce qui m'a le plus frappé, c'est que le poète de *Mai* lisait ses vers limpides presque comme si c'était de la prose. »

La poétesse Hélène Swarth, elle, eut des doutes :
« ...mais la métrique, la rime, la construction, etc, sont étranges, tourmentées, désordonnées et confuses. » Pourtant l'opinion générale était favorable. Van Eeden : « Oh ! que c'est beau ! Que c'est beau ! Les vers de Gorter sont venus comme un long trait de lumière rose dans ma vie. » Kloos : « Pour ma part je ne savais pas que mon hollan-dais, ma langue, que je connais pourtant un peu aussi, était capable d'une chose pareille. » Ainsi l'on assistait bien à la naissance d'« un nouveau son » et le jeune Gorter devint pendant un temps l'un des animateurs du Mouvement de quatre-vingts.

Mais bien entendu il n'y a pas que la forme du poème qui impressionne par son ampleur et son originalité. Il s'agit aussi du thème et de son traitement, de l'histoire. Pour commencer il faut savoir que Mai est une jeune fille : les mois peuvent être féminins dans la langue néerlandaise. Le poème est divisé en trois chants. Dans le premier nous voyons Mai venir au monde sur les vagues de la Mer du Nord, car selon Gorter le printemps naît sur l'écume des vagues. Le soleil est son père et la lune est sa mère. Mai arrive dans une petite embarcation, débarque sur la côte de la Hollande, elle traverse la plage et les dunes et s'aventure vers l'intérieur du pays. Sur ses pas tout se met à fleurir et elle s'en émerveille. Son périple, c'est la venue du printemps.

Le deuxième chant se déroule entièrement dans le ciel, qui est un véritable labyrinthe onirique parmi les nuages. Mai entend le chant d'un dieu immortel, Balder, et tombe amoureuse de lui. Étrangement, l'amour vient par l'ouïe, qui comme on le verra joue un grand rôle pour Balder aussi. Mai s'élève dans les airs et part à sa recherche. Elle le poursuit comme dans un rêve, traversant un dédale de villes, de palais, de salles. Elle rencontre une déesse en train de filer la laine des nuages et des dieux en train de festoyer en compagnie d'Odin. À tous elle demande : « Où est Balder ? » Quand elle le retrouve enfin elle lui déclare son amour, mais lui il répond : « Jamais ! » En effet, le printemps, comme nous-mêmes, appartient au cycle de la vie et de la mort ; la petite Mai, pourtant née du soleil et de la lune, est mortelle et ne peut prétendre à l'amour de l'immortel Balder. Au moment de la rejeter celui-ci lui révèle en outre qu'il est aveugle et que, littéralement, il ne peut pas la voir.

À la fin de ce chant, qui est deux fois plus long que les deux autres, Balder tient tout un discours inspiré de la philosophie de Schopenhauer, que Gorter admirait beaucoup à l'âge de vingt-cinq ans. Qu'il faut renoncer à la volonté de puissance pour échapper au cycle de la mort et de la souffrance ; s'identifier totalement au monde tel qu'il est, sans vouloir lui imposer sa marque :

[...] Même Odin rend apparent
Ce qu'il sait et ressent, lui qui abonde
En savoir et sentiment, tout un monde
Porte son nom, mais lui est pauvre, et mort
Sera-t-il avec son monde, un remords
Le ronge déjà, il ne peut trouver
Le bonheur, un loup veut le dévorer.

Renoncer au monde, vivre uniquement la vie de l'âme, tel est l'idéal que revendique Balder, et Mai n'a plus qu'à se retirer de la scène.

Dans le troisième chant, le plus court du poème, Mai revient sur terre, où le poète attend son retour. Elle lui raconte son histoire. Ensemble ils se réfugient dans une petite ville typiquement hollandaise, dans une chambre à l'intérieur d'une vieille maison — l'on goûte l'atmosphère des tableaux de Vermeer ou de Pieter de Hoogh. Mai agonise, veillée par le poète. Elle va mourir de chagrin et lui, bien que très épris d'elle, ne parvient pas à la consoler d'avoir perdu Balder. Elle soupire :

« *Tu es comme lui, comme lui ta voix.* »
Puis m'embrassant, c'est lui qu'elle baisa
Sur ma bouche, et puis me baisa les yeux,
Mais ses yeux étaient tournés vers les cieux.

Quand enfin elle expire, Mai est enterrée dans le sable, sur la plage, au bord de la mer.

Le personnage de Mai est plutôt infantile et immature, mais en même temps le poète est fort amoureux d'elle, et elle tombe amoureuse de Balder... Qu'en est-il de cette fiancée-enfant ? Les manuels de littérature affirment que Mai serait une fillette dans le premier chant, une jeune fille dans le deuxième et une jeune femme dans le troisième, mais une lecture même superficielle du texte complet révèle que la terminologie décrivant Mai ne change pas d'un chant à l'autre. Elle est toujours désignée par les mots « meisje » et « kind », qui couvrent le même spectre que les mots « fille » et « enfant » en français ; un homme de cinquante ans peut dire « mon enfant » à une jeune femme de vingt-cinq ans, mais est-ce qu'un poète de vingt-cinq ans écrirait « enfant » en songeant à la même personne ? Pourtant, dans le premier chant déjà il y a une déclaration d'amour qui n'est pas dénuée de charge érotique (p. 70) :

Ne t'ai-je pas baisée, ma douce Mai,
Où le ruisseau longe la route auprès
Des saules bleus. Oh oui, c'était bien toi,
Ta joue aussi douce qu'un dos de chat,
Bouche m'embrassant comme un coquillage.

Tandis que dans le tout dernier vers du poème, le poète, en enterrant le corps de sa bien-aimée, la nomme une fois de plus « ma petite Mai ».

Cette identité contradictoire est pourtant fonctionnelle. Le côté infantile de Mai devient un élément indispensable du poème, inséparable de l'impression qu'on en garde. Mai est la personnification même du printemps, une force de la nature, éphémère et intemporelle, fillette et éternelle fiancée. Elle ne vit que pendant un seul mois ; par définition elle meurt jeune ; mais elle renaît chaque année et le souvenir que l'on garde d'elle ne change jamais. Cela vaut aussi bien pour sa manière de marcher (p. 42) : « Ses bras se balancent comme le gréement d'un bateau qui tangue », que pour le son de sa voix (p. 216) :

Et là elle posa bien des questions,
Qui grimpaient bien haut dans les fins wagons
De sa voix comme en remontant la pente.

Et ainsi l'on voit que le style du poème est caractérisé avant tout par une adaptation moderne de la métaphore homérique. L'image de la comparaison est parfois développée si longuement, elle est si complexe et détaillée qu'elle devient une fin en elle-même et que l'on finit pres-que par oublier l'objet qui en a été le prétexte au départ. Ainsi cette description « dramatique » d'un orage en mer (p. 32) :

Alors commença sur la vaste scène
De la mer comme une tragédie pleine
De cris de meurtre, avec odeur de sang
Dans la salle — la scène est vide : un grand
Orage fait rage autour du pignon,
Des cheminées tombent, la garde en faction
Aux remparts entend un bruit d'ennemis.
La pluie pleure et cingle, le vent mugit,
Un tueur fuit la maison et l'on sait
Qu'un cadavre y gît : il tonne, un mauvais
Rayon de lune sabre le décor.

Le poète multiplie ces comparaisons et ces métaphores, et par leur juxtaposition le poème devient une sorte de mosaïque, un kaléidoscope chatoyant de petits clichés de lanterne magique. Mais toutes ces images sont étonnamment fraîches et neuves, le poète ne craint pas d'utiliser des éléments de la vie contemporaine, réverbères à gaz, chaudières à vapeur, chemins de fer. Ainsi « Mai » contient ce qui est probablement la première description d'une course cycliste dans toute l'histoire de la littérature (p. 132) :

Comme deux coureurs cyclistes : leurs folles
Roues tournoient, éclaboussant la lumière
En cercles, file d'avant en arrière
Le chemin blanc : ils s'épient sans arrêt,
Pédalent à tout rompre, l'âme très
Hargneuse, à l'arrivée l'un va gagner,
Mais l'autre le rattrape et aveuglé
De désespoir le dépasse. Un hardi
Coup de pédale et la foule applaudit —

Mais à côté de cela il y a de nombreuses descriptions très réalistes de la nature, visiblement inspirées d'observations directes des paysages typiques de la Hollande, des plantes et des animaux qui la peuplent (p. 28) :

Comme la nuit les canards endormis
Dans les herbes du fossé à grand bruit
Clapotant s'éveillent soudain, cancanent,
Lapant des lentilles d'eau, qu'une cane
Se dresse en battant fort de l'aile et crie.

Il y a des scènes mythologiques, non pas tirées du répertoire grec et latin comme on pourrait s'y attendre, mais plutôt inspirées par le panthéon germanique (Odin et Freya, Balder et Idoène), par les contes celtiques (Obéron et Titania, roi et reine des elfes et des lutins) et des histoires de sorcières. Puis il y a la personnification du soleil et de la lune (Cynthia), des vents, des mois (féminins) et des heures (masculines). Et toute la nature, chaque paysage, même les vagues de la mer pullulent de ces êtres mythiques (p. 20) :

[...] Approchèrent
Les sirènes et les nymphes de mer
Sur les vertes pentes. Mais les Tritons
Barbus restaient sur le côté, clairons
À la bouche, en une longue avenue
De son sur la face de la mer nue.

Dans « Mai » Gorter commence déjà son exploration des sentiments et de la psychologie, qui par la suite jouera un rôle si important dans le développement de son œuvre, et qui lui vaudra sa réputation de poète « sensitiviste ». Avec de judicieuses métaphores il donne une description précise et fraîche de sentiments familiers, ou alors il tente de cerner ces sensations confuses que tout le monde peut reconnaître mais que personne ne peut nommer (p. 208) :

En elle était une errance lassée,
Comme au soir le vent tourne sans raison,
Comme un enfant qui parcourt la maison
Qu'il va quitter, retrouvant un jouet
Ne peut jouer : si grand est son regret.

Dans l'année qui suivit la publication de « Mai », en 1990, Gorter publia un recueil intitulé simplement « Vers ». (Entre-temps il s'était marié et il était devenu professeur de latin-grec dans un lycée.) Dans « Vers » il explore plus avant la voie du sensitivisme inaugurée dans sa première œuvre. Dans ces courts poèmes Gorter essaie de décrire de manière très simple les sensations les plus intimes qu'un être humain puisse ressentir ou percevoir avec ses sens. Renonçant aux métaphores et même à toute figure de style, il veut exprimer le plus directement possible les nuances les plus subtiles de ses sentiments. Il essaie même de dire comment il est parfois impossible de formuler exactement ce que l'on ressent. Comme exemple de cette phase sensitiviste, voici un poème sans titre tiré de « Vers », qui est devenu le poème d'amour le plus connu de toute la littérature néerlandaise :

Tu vois je t'aime,
je te trouve si gentille et si claire —
tes yeux sont pleins de lumière,
je t'aime, je t'aime.

Et ton nez et ta bouche et tes cheveux

et tes yeux et ton cou là où
se trouve ta collerette et ton oreille
avec tes cheveux devant.

Tu vois je voudrais être
toi, mais ça ne va pas,
la lumière t'entoure, tu es
quand même toujours ce que tu es.

Oh oui, je t'aime,
je t'aime terriblement,
je voulais le dire complètement —
mais je ne peux pas le dire quand même.

Cette approche de la poésie si simpliste d'apparence scandalisa le bourgeois et une fois de plus impressionna profondément l'avant-garde. Pourtant, malgré le succès de Mai et malgré le fait qu'il était considéré désormais comme l'un de ses chefs de file, Gorter commença après quelques années déjà à se distancer du Mouvement de quatre-vingts. Il ne se sentait plus à l'aise dans un groupe qui prônait l'art pour l'art, où l'esthétisme et l'individualisme menaient trop souvent à l'aridité artistique, à des rivalités personnelles incessantes. Gorter était à la recherche d'autres idéaux. Pendant qu'il composait Mai, déjà, il avait étudié Schopenhauer et Nietzsche. Après la publication de son poème il continua à se passionner pour la philosophie, s'intéressa à Spinoza, qu'il traduisit du latin. Finalement, sous l'influence de son ami Van der Goes il découvrit Marx, et sut qu'il avait définitivement trouvé sa voie. Tout en continuant à produire de la poésie, de plus en plus engagée, Gorter devint un théoricien du communisme, marxiste puriste et antiparlementaire, compagnon de route d'Anton Pannekoek et de Kautsky. Son influence dépassa bientôt les frontières des Pays-Bas. Ses brochures : « Le matérialisme historique » (1908) et « La Révolution mondiale » (1918) furent traduites dans de nombreuses langues.

C'est en 1917, avant même la Révolution d'Octobre, que Gorter se met à correspondre avec Lénine. Ils ont les mêmes vues sur le système des soviets et sur le principe d'une paix séparée des Bolcheviques avec l'Allemagne. Puis à mesure que la Révolution avance les marxistes hollandais et allemands se mettent à critiquer leur collègue russe et lui reprochent son attitude trop tactique, voire son opportunisme en politique. Piqué au vif, Vladimir Ilitch réagit en publiant un pamphlet : « Le radicalisme de gauche, maladie infantile du Communisme ». Sur quoi Gorter y va de son propre pamphlet : « Lettre ouverte au camarade Lénine ».

En 1920 Gorter se rendit à Moscou, un voyage périlleux, et rencontra Lénine en tête-à-tête. Puis il s'adressa à une séance plénière de la Troisième Internationale pour y défendre son point de vue et attaquer la ligne du Komintern. Avec justesse il fit remarquer que la révolution russe ne pouvait pas servir de modèle au reste de l'Europe : la Russie était une société essentiellement rurale et paysanne, tandis que la vraie révolution marxiste serait le fait du prolétariat des pays industrialisés. Il fut débouté par le comité exécutif et évincé de l'Internationale.

A sa mort en 1927, à soixante-trois ans, Gorter était devenu un vieil idéaliste isolé, déclassé sur le plan politique, et sa poésie socialiste — « Pan », 1916 ; « Le conseil ouvrier », posthume — ne convainquait plus personne. Mais son œuvre de jeunesse, « Mai », est devenu un grand classique de la littérature néerlandaise, et l'on se souvient de lui surtout comme le représentant le plus marquant du « Mouvement de quatre-vingts », qu'il a pourtant rejoint sur le tard et dont il s'est très vite distancié.

CHANT PREMIER

Un nouveau printemps et un nouveau son :
Je veux pour ce chant la modulation
Que j'entendais avant la nuit, l'été
Près des canaux d'une ancienne cité —
Dedans il faisait sombre, mais la rue
Rassemblait le crépuscule, et les nues
Brillaient encore, quelques reflets blonds
Couvraient les fenêtres de ma maison.
Alors un garçon sifflait un air pur,
Trilles secouées dans l'air comme mûres
Cerises, quand la brise du printemps
Saute d'un bosquet et souffle en partant.
Il flânait sur les ponts, le long des quais
Au bord de l'eau, lent, partout aussi gai
Qu'un jeune oiseau, il sifflait sans savoir
Sa propre joie pour le repos du soir.
Et maint homme en prenant, las, son repas,
L'écoutait comme un conte d'autrefois,
En souriant, puis fermait la fenêtre,
Sa main s'attardait, sifflait le jeune être.

C'est ainsi que je veux que ce chant sonne,
Et je voudrais surtout qu'il l'impressionne
Elle, éclairant plus que son doux regard...
Oh ! joie, joie, je sens ses mains, le rempart
De son bras à mon cou. Une coupole
De clarté nébuleuse m'auréole,
Ma voix brûle en moi comme se déchaîne
Le gaz dans sa cage en verre, et d'un chêne
Bourgeonnent de verts rameaux à foison :
Écoutez, il arrive un nouveau son :
Un jeune chef se dresse, en bleu et or
Un héraut sur le seuil l'annonce fort.

I

Een nieuwe lente en een nieuw geluid:
Ik wil dat dit lied klinkt als het gefluit,
Dat ik vaak hoorde voor een zomernacht
In een oud stadje, langs de watergracht
In huis was 't donker, maar de stille straat
Vergaarde schemer, aan de lucht blonk laat
Nog licht, er viel een gouden blanke schijn
Over de gevels in mijn raamkozijn.
Dan blies een jongen als een orgelpijp,
De klanken schudden in de lucht zoo rijp
Als jonge kersen, wen een lentewind
In 't boschje opgaat en zijn reis begint.
Hij dwaald' over de bruggen, op den wal
Van 't water, langzaam gaande, overal
Als 'n jonge vogel uitend, onbewust
Van eigen blijheid om de avondrust.
En menig moe man, die zijn avondmaal
Nam, luisterde, als naar een oud verhaal,
Glimlachend, en een hand die 't venster sloot,
Talmde een pooze wijl de jongen floot.

Zóó wil ik dat dit lied klinkt, er is één
Die ik wèl wenschte, dat mijn stem bescheen
Met meer dan lachen van haar zachte oog...
Heil, heil, ik voel hier handen en den weeken boog
Van haren arm. Een koepel van blind licht
Mild nevelend omgeeft mijn aangezicht,
Mijn stem brandt in mij als de geele vlam
Van gas in glazen kooi, een eikestam
Breekt uit in twijgen, en jong loover spruit
Naar buiten: Hoort, er gaat een nieuw geluid:
Een jonge veldheer staat, in 't blauw en goud
Roept aan de holle poort een luid heraut.

La mer flottait bleue, les eaux du soleil
Coulaient fraîches de la source vermeille
Sur les vagues laineuses, que lavèrent
Et oignirent ses raies, des flots ouverts
Bondirent tels des béliers blancs les crêtes
Ornées d'écume et cornes sur la tête.

Mais la mer se brisait à ses confins
Encore et encore, au-dessus l'essaim
D'or des nuages flottait dans l'azur,
Milles bouches soufflaient en gouttes pures
De la rosée et du sel sur les bords
Des coquillages aux lèvres rouges, flore
De la plage, blanches, crème, et rougeâtres
Comme ongles d'enfants, et rayées, bleuâtres,
Bleu de plomb comme un soir d'intempéries.
Des conques murmuraient leurs mélodies
En paix, et dans la rumeur du ressac
Un son plus clair comme dans un mot sec
La voyelle humide, et les coquillages
Tintaient dans l'eau brillante de la plage
Entre verre et pierre, anneaux métalliques,
Sur l'aile du vent bulles de musique.
Survolant les dunes flottaient en bandes
Jusqu'au-dessus du jardin de Hollande,
Celles qui étaient bien pleines tombèrent,
Crevèrent en tombant et résonnèrent
De voix pures ; chaque dune endormie
Près ou loin sortit de sa rêverie.

Et dans un berceau d'eau, loin sur la mer —
Duvets d'écume ondulant de concert —
Un jeune Triton s'éveilla et partit
D'un rire fluide, heureux quand il vit
Les sommets aquatiques tout autour
Et un blanc nuage comme une tour,
Dans son bras nu était sa corne d'or.
Il souffla dedans, un doux timbre alors
Tomba, pluie d'été, de son embouchure,
Puis il se tourna et à vive allure
Il nagea vers le haut dans l'une des chutes
D'écume et de neige qui toujours culbutent
Entre deux montagnes d'eau, et voyez,

Blauw dreef de zee, het water van de zon
Vloot pas en frisscher uit de gouden bron
Op woll'ge golven, die zich lieten wasschen
En zalven met zijn licht, uit open plassen
Stonden golven als witte rammen op,
Met trossen schuim en horens op den kop.

Maar in zijn rand verbrak de zee in reven
Telkens en telkens weer, er boven dreven
Als gouden bijen wolken bij het blauw;
Duizende volle mondjes bliezen dauw
En zout in ronde droppen op den rand
Van roodgelipte schelpen, van het strand
De bloemen, witte en geele als room en rood'
Als kindernagels en gestreepte, lood
Blauw als een avondlucht bij windgetij.
Kinkhorens murmelden hun melodij
In rust; op 't gonzen van de golf dreef voort
Helderder ruischen als in drooger woord
Vochtige klinkers, schelpen rinkelden
In 't glinst'rend water glas en kiezel en
Metalen ringen, en op veeren wiek
Vervoerde waterbellen vol muziek
Geladen, lichter wind. Over het duin
Dreven ze door de lucht tot in den tuin
Van Holland, en die schoon en vol was zonk,
En brak in 't zinken wijl muziek weerklonk
Schooner dan stemmen, en van mijmerij
Elk duin vreemd opzag verre en van nabij.

En in een waterwieg, achter in zee
Duizend schuimege spreien deinen mee
Ontwaakt' een jonge Triton en een lach
Vloeid' over zijn gelaat heen, als hij zag
De waterheuvels om zich en een toren
Van een wit wolkje boven zich, zijn horen
Lag in zijn blooten arm, verguld in blank.
Hij blies er in, er viel een zacht geklank
Als zomerregen uit den gouden mond,
Toen luider lachend wentelde hij rond
En zwom naar boven door den waterval
Van schuim en sneeuw die drijft in ieder dal
Tusschen twee waterbergen, zie, hij ligt

Il se niche dans l'eau crépue, bébé
Pouponné dans le giron de sa mère ;
Trempé de gouttes rondes il la serre
De ses bras roses, de sa jolie bouche
Sortent des vagissements ; il embouche
La corne d'or de ses lèvres joufflues,
Fontaine de sons brillants et cornue
De lait blanc mêlé au vin qui l'entraîne,
Feu rouge à travers de la porcelaine.
Niché dans l'eau il voit venir à lui
Vague après vague dressée, et il rit,
Éclate de rire et tend son bras blanc,
Et par les flots va un effarement.

Alors la mer devint comme un grand homme
D'autrefois, vêtu d'atours riches comme
Il n'en est plus de nos jours : velours et soies
Comme d'argent, ses fourrures chatoient,
Venues de Sibérie ; cuivre poli
Brûlant de mille feux dans les replis
Des braies, dans les boutons et passements
De sa pelisse, qui va s'évasant.

La mer était-elle ainsi ? Non, en liesse
Comme une ville lors de la kermesse,
Paysans et paysannes vont danser
À l'auberge, et brille autour du marché
Un cercle de vendeurs de bibelots.
Ou quand un roi vient et que les falots
Brillent aux fenêtres, les drapeaux blancs
Flottant des toits. Tel était l'océan,
Ses façades pavoisées, aux pignons
Des vagues des rangées de lumignons,
Un peuple entier en parade. Approchèrent
Les sirènes et les nymphes de mer
Sur les vertes pentes. Mais les Tritons
Barbus restaient sur le côté, clairons
À la bouche, en une longue avenue
De son sur la face de la mer nue.

Le bruit diminua et un nuage
De lumière flotta sur le visage
De la mer, près des nuages une foule

Nest'lend in kroezig water, 'n wiegewicht,
Door moeder pas gewasschen in haar schoot;
Het drijft van ronde druppels, overrood
Reiken de armpjes, uit het mondje gaat
Gekraai; zoo dreef hij, in het bol gelaat
Tusschen de lippen in, de gouden kelk,
Fontein van gouden klanken, een vaas melk
Wit was hij drijvend met gemengden wijn,
Vurig rood blozend door het porselein.
Nu zetelt hij in 't water, baar na baar
Ziet hij al lachend rijzen na elkaar,
Daar schatert hij en spant den blanken arm,
En door het water gaat een luid alarm.

Toen werd de zee wel als een groot zwaar man
Van vroeger eeuw en kleeding, rijker dan
Nu in dit land zijn: bruin fluweel en zij
Als zilver en zwart vilt en pelterij
Vèr uit Siberisch Rusland; geel koper
Brandt vele lichtjes in de plooien der
Hoozen, in knoopen en in passement
Van het breed overkleed, wijd uithangend.

Was zoo de zee? Neen, neen, een stad geleek
Ze, pleinen en straten in de kermisweek,
Boerinne' en boeren, en muziek en dans
In de herbergen en in lichten krans
Om elke markt de snuisterijenkramen.
Of als een koning komt en alle ramen
Zijn licht des avonds en uit ieder dak
Een witte vlag. Zoo was de zee, er stak
Een vlag van alle gevels, achter 't raam
Der golven brandden rijen lichten, saam
Liep heel het volk. Meermannen zwommen aan,
Nimfen en elven der zee, en zaten aan
De groene hellingen. Maar Tritons stonden
Oud en gebaard ter zijde, aan de monden
Trompetten, bouwende een lange straat
Geluid over het zeegelaat.

Toen werd het stiller en een wolk van licht
Begon te drijven op het zeegezicht,
Dichtbij de wolken waar een witte schaar

De jeunes vents plaisantait. Puis la houle
Se calma. Et dans la brume apparut
Une barque jaune, et dedans, perdue
Parmi les voiles de lin, une enfant...
Malheur, malheur à moi, mon cœur se fend,
Ma voix se brise à ce nouveau vocable
Qui vient de naître... il y a part aimable
En toute chose, et qui le sait toujours
Ira le long de l'eau au petit jour,
Dans la rosée du pré ses pieds sont froids.
Pour lui jamais de brouillard, mais un mois
Qui naît et un courant de fleurs où est
Sa demeure, ainsi aussi pour moi, mais
Cette enfant-ci était pure douceur ;
Assise sans bouger, tant de bonheur
Brillait dans ses yeux, le faible éclairage
Sous les voiles rougissait son visage
Si doux et joli, pétale de rose
Soufflée par le vent des bois, qui se pose
Sur l'eau d'un ruisseau sous les noisetiers
Et le suit jusque dans les vastes prés
Où tout est vert et le haut ciel si bleu.
Elle était étonnée, doutant un peu
De l'eau, jusqu'à ce que l'étonnement
Soit remplacé par un rire confiant
En voyant jaillir les fontaines d'écume
Des vagues au jardin de mer que parfument
Des fleurs blanches, bondir le Vent gaillard
Comme un danseur s'élance au champ de foire,
Et les nageoires rouges d'un poisson
Sortir de l'eau. Tout était belle moisson
Pour de jeunes yeux. À quelque distance
Un dieu marin soufflait avec prestance
Dans un cor, les joues gonflées d'importance.
À la ronde claironnaient l'air et l'eau
Et de tels éclats semblaient tout nouveaux
À qui n'entendit jamais de pareils ;
Saturée, elle trouva le sommeil —
Le bateau glissait ; le soleil brillait,
Le vent autour d'elle l'accompagnait.

Qui était-elle ? De douze sœurs l'une,
Qui se tiennent sur le soleil, chacune

Van jonge winden zat te lachen. Daar
Werd alles zwijgend. En een geele boot
Kroop uit den nevel en daarin school rood,
Vooraan en vóór het linnen zeil, een kind....
Wee, wee mij, nu mijn hart mij overwint,
En mijn stem stom slaat nu dit nieuwste woord
Geboren werd.... er is iets dat bekoort
In ieder ding, en die dat weet, hij gaat
Altijd langs watren, door jong gras, en laat
Zijn nog zijn voeten koel in dauw van wei.
Voor hem is 't nimmer nev'lig, maar een Mei
Van kind'ren en een stroom van bloemen waar
Zijn woning is, en zóó is 't ook mij, maar
Dit kind was louter, niets dan lieflijkheid;
Het zat zoo stil te staren, zoo verblijd
Blonken haar oogen in het schaduwlicht
Achter het zeil, zoo bloosde haar gezicht,
Zóó mooi, zóó zacht was ze, een rozeblad,
Geblazen door den warmen boschwind, dat
De beek afloopt onder den hazelaar,
En dan tusschen de lage weiden, waar
Het groen is en de hooge hemel blauw.
Blij en verwonderd of ze nòg niet wou
Gelooven 't water, tot verwond'ring week
Voor veilig lachen en ze beurt'lings keek
Naar schuimfonteinen en de gladde kruin
Van golven in dien witgebloemden tuin
Der zee, of naar den Wind, die danste aan
Als 'n jonge kerel op een kermisbaan,
Of naar 'n visch, die roode vinnen uit
Het water stak. Dat alles was een buit
Voor jonge oogen. Daar veel verder stond
Hoog op zijn teenen een zeegod, zijn mond
Bolde op een gouden horen. In het rond
Brak één geluid van water en van lucht,
En alles nieuw voor een die zulk gerucht
Nooit hoord'; haar hoofd werd voller en ze deed
De oogen toe en rustte — de boot gleed
Langzamer verder; onbeweeglijk scheen
De zon, de wind liep mee en om haar heen.

Wie was ze? Van de twalef zusters één,
Die op de zon staan, hand in hand, alleen,

À sa place dans leur ronde enfantine.
À tour de rôle, quittant la rondine,
L'une abandonne les autres sœurs, mais
Leurs larmes sont peu nombreuses, jamais
Ne durent dans l'or de tant de lumière.
Déjà leur bonheur revient, leur misère
Cesse — pourtant leur tristesse fut pire
À ce dernier vide ouvert, tant les rires
Duraient avec elle, qui fut souvent
La plus belle et la joie de toutes, sans
Jalousie. Maintenant elle était loin.
Ses sœurs se penchèrent, écoutant bien,
Voyant la marée l'emporter. Des sons
S'élevaient de l'écume et des clairons
Jusqu'à elles. Puis lui tournant le dos
Elles restèrent en pleurs, sans un mot.
Ces enfants, ce sont les mois blonds, chacune
Née pareille quand leur mère la lune
Était pleine dans la nuit étoilée.
Nue elle les mit bas, fut consolée
Par le soleil accompagné d'Aurore,
Qui les couvrit de son long manteau d'or.
Il prit ses enfants ; voyez ces beautés
En un cercle blond, mais les a quittées
La plus blonde et jolie, la petite Mai.

Rien dans le vaste monde n'est si gai
Que la terre : Cynthia dans sa barque
Nocturne exhibe en riant un bel arc
De dents blanches et les Jumeaux aussi
Se demandent : passera-t-elle ici ?
Il y a toujours de la joie dans l'air
Où elle a passé, la rumeur légère
De ses ailes s'enfuit. Des fleurs tapissent
Sa route, que des anges réunissent
En disant son nom ; comme elle dispense
Des miracles. Couchés dans l'herbe dense
Qui couvre les prés du ciel, ils jacassent
Longuement ou bien simplement rêvassent.

Une chose est triste et cause des plaintes
Toujours tout autour de la terre en maintes
Brumes confuses : c'est le changement

Als 't spel van kindren in een kleinen kring.
Om beurten gaat er een en breekt den ring
En laat de andren bedroefd achter, maar
Veel zijn hun tranen niet, het weenen waar
Zoo gouden licht is, kan niet durend zijn.
Zoo zijn ze weldra blij weer en hun pijn
Houdt op — toch was hun droefheid nu het meest
Bij deze laatste leegt', er was geweest
Zoo lang gelach met haar, zij was altijd
De schoonste en de vreugd van elk, waar nijd
Niet is. Nu was zij heen. De zusterrij
Boog over luistrend, ziende hoe 't getij
Met haar hoog ging. Er mistte een waas geluid
Van brekend schuim en gouden horens uit,
Omhoog tot haar. Die kindren keerden om,
En stonden naast elkander, weenend, stom.
Dat zijn de blonde maanden die daar staan,
Gelijk geboren toen de moedermaan
Heel zwaar was in een starr'gen winternacht.
Naakt baarde zij ze, maar de zon hield wacht,
Koudrood zooals hij met Aurora kwam,
Die sloeg ze in haar kleurig kleed, hij nam
Ze tot zich. Zie hoe blank en blond ze staan,
In 'n ring van blond haar, één is heengegaan,
De liefste, blondste, ja de kleine Mei.

Niets in de ruime wereld is zoo blij
Als deze aarde: Cynthia als ze zit
In hare nachtboot, toont het blank gebit
Van lachen en de tweelingsterren staan
Stil bij haar, vragend: zal ze hier langs gaan?
En er is altijd vreugde in de lucht,
Waar zij voorbij is en het zacht gerucht
Van hare vleugels wijkt. Dan liggen bloemen
Op haren weg en kleine eng'len noemen
Ze zamelend haar naam, hoe vol ze was
Van wonderen. En in het dichte gras
Dat in de hemelwei groeit, liggen zij
Lang pratend' of alleen in mijmerij.

Eén ding is droevig en maakt zacht geklaag
Altijd om d' aarde heen, 'n nevel vaag
En luchtig om dat lijf: 't is wisseling

D'être en non-être et que chaque élément,
Âme et fleur, dérive jusqu'à ce port
Blanc et muet et pareil à la mort.
Car comme toujours à la fin de l'an
Les oiseaux migrateurs en cancanant
Quittent nos contrées, volant haut en bandes,
Que les enfants dans la rue les entendent,
Regardent, disant : « L'été est fini,
Le froid vient » — dans les nuées infinies
Les oiseaux s'en vont — ainsi tout finit.
Mais comme aussi je parcourais un soir
La plage, mon cœur pourtant sans espoir,
Tout tremblant et inquiet — et comme alors
Juste devant le ciel, devant ses ors,
Un oiseau, animal noir, a volé
Sur sa queue et ses plumes étalées :
Ainsi chaque chose vient et repart,
Belle parce qu'unique. C'est la part
De l'Inquiétude, qui naît et demeure
Dans ses entrailles, et qui d'un coup meurt
Où la mort la frappe — mais décourage
La clarté. Or, moi j'ai cherché le visage
De Mai aussi longtemps qu'elle vécut.

Elle errait sur les bancs, où un nuage
De sable rouge poudrait l'eau, au passage
Le peuple se massait, puis dans un creux
Vert, plus loin, une sirène et un dieu.
Mai les vit et rit en un doux éclat
Qui dura peu, puis de l'eau s'éleva
La crépitation d'applaudissements,
Et des langues de femmes jacassant.
Lui fronça les sourcils, elle rougit
De sa joue — Mai se leva, dans sa main
Une boîte d'argent qu'elle tint
Immobile — de son bras lentement
Glissa un pli de son vêtement blanc.
Alors cent yeux virent, vint un silence
Tel que l'on n'entendait plus que l'avance
De l'eau sur les monts et les quelques rires
Étouffés venant après le plaisir.
L'argent scintilla — se sont envolés
Deux papillons folâtres, le premier

Van zijn en niet zijn en dat ieder ding,
Zielen en bloemen, drijven naar dat rijk,
Waar 't wit en stil is en den dood gelijk.
Want zooals altijd aan het eind van 't jaar
Trekvogels uit het land gaan met misbaar
Van vogelstemmen uit de hooge lucht,
De kind'ren op de straat hooren 't gerucht
En kijken, zeggend: 'Zomer is voorbij,
De kou komt' — in de wolken gaat de rij
Van vogels — zóó zóó gaat alles voorbij.
Maar zooals ik eens aan het strand der zee
Was 's avonds, doch niet was mijn hart te vree,
Maar bevend en ongerust — en zooals toen
Vlak voor den hemel, voor het vermillioen,
Een vogel, een zwart beest vloog, duidelijk
Gespreid op staart en veer: daaraan gelijk
Komt élk ding en gaat élk ding en is schoon
Omdat het eenzaam is. Het is de zoon
Van Onrust, in de scheemring van zijn schoot
Geboren, en sterft eensklaps waar de dood
Het neerslaat — maar het staat voor 't licht
Zijn leven lang. Welaan, ik zoek 't gezicht
Van Mei zoolang zij in het leven was.

Zij dreef nu langs de banken, waar een wolk
Van rood zand elke golf afstuift, het volk
Zat daar in scharen, maar in groene grot
Wat verder 'n meermin en een watergod.
Mei zag ze en lachte en een zacht geschater
Klonk even bij haar, toen kwam van het water
Klappend een vlaag van handgeklap en toen
Gesnap van tongen, zooals vrouwen doen.
Maar hij keek fonklend en een rood gebloos
Verroodde háár wang — Mei stond op, een doos
Van zilver stond in hare hand, een poos
Hield ze ze roerloos — van haar arrem gleed
Langzaam een plooi weg uit het witte kleed.
Toen zagen honderd oogen, werd het stil,
Zoodat niets meer gehoord werd dan 't geril
Dat water maakte op de heuvels en 't
Gedempte lachen van wie nalachten.
Het zilver schitterde — daar vlogen heen
Twee fladderende vlindertjes, de één

Comme deux feuilles d'ivoire de l'Inde,
L'autre lambeaux persans d'écharpe peinte.

Changeant d'éclat les papillons partirent,
Dansant sur le ressac, puis ces mots dirent
Les lèvres de Mai : « Le long jour finit
À l'ouest : voyez, le soleil lui aussi
Décline, il fait sombre et je ne peux plus
Rester. Partez à la nage. J'ai vu
Tantôt déjà s'illuminer l'étoile,
Page de mon père qui tient son voile,
Loin à l'est la lune attend, une traîne
De clarté émane de son diadème.
Aussi adieu. Hors d'ici. Mais sans bruit,
Car je veux passer ma première nuit
En silence. La lune est là, voyez,
Elle me suivra, vous pouvez aller. »

Comme la nuit les canards endormis
Dans les herbes du fossé à grand bruit
Clapotant s'éveillent soudain, cancanent,
Lapant des lentilles d'eau, qu'une cane
Se dresse en battant fort de l'aile et crie :
Ainsi d'un profond silence naquit
Un remous quand ils s'en furent. Longtemps
Les trompes brillèrent sur l'eau, le chant
Des sirènes s'éloignait à la nage,
Ici flottaient des amants, là sans ambages
Un jeune dieu sauta sur la vague, inquiet
De voir où se trouvait Mai — oh elle était
Comme une balise blanche : ce soir
En mer tous désiraient aller la voir
En suivant la houle. Et maint prince oublia
Son armée de corail, mais resta
Assis dans son manteau, loin où l'eau passe
Sous la lumière d'une étoile basse.

Laissée toute seule elle eut presque peur,
Voyant venir avec de tristes pleurs
Les vagues, comme des femmes entourent
Un pauvre homme mort noyé — tour à tour
Leurs bras frappent en des gestes sauvages —
Ainsi les vagues tombaient sur la plage

Als twee blaadjes ivoor van Indië
En een als lapjes sjaal uit Perzië.

Wiss'lend van glans de vlinders dansten voort
Over de branding heen, toen klonk het woord
Van Mei: 'De lange dag vindt nu zijn eind
In 't wolkig westen: ziet de zon verkwijnt
Al, het wordt donker en later en ik mag
Niet langer blijven. Zwemt nu heen. Ik zag
Zoo even reeds het lichten van de ster,
Den page die mijns vaders kleed draagt, ver
Achter het Oosten wacht de maan, een zweem
Van blank licht zwelt al van den diadeem.
Daarom vaart wel. Van hier. Maar vaart al zacht,
Want gaarne wilde ik mijn eersten nacht
Dragen in stilte. Ziet, daar is de maan,
Een vriendlijke gezellin, gij kunt gaan.'

Zoo als des nachts de eenden, in het gras
Slapend, dat in de sloot groeit, met geplas
Plotseling wakker worden, snaterend,
Slobberend kroos, één staat er overend
Zijn vleugels slaand' en krijscht hoog in den nacht:
Zoo werd uit diepe stilte onverwacht
Beweging toen zij gingen. Maar nog lang
Verglomme' in 't nat trompetten, een gezang
Zongen een school meermannen, die heenzwom,
Hier dreven minnenden, ginder beklom
Een jonge god een hooge golf en keek
Of Mei stond waar zij stond — o zij geleek
Een kleene witte baak: er werd in zee
Verlangd dien nacht om met de golven mee
Tot haar te gaan. Menig en menig prins
Zag zijn koralen leger niet, maar ginds
Zaten ze in hun mantels, waar heel ver
Het water spoelt onder een lage ster.

Zij was nu bijna bang, nu ze alleen
Gelaten, droeve golven met geween
Zag komen, zooals vrouwen die rondom
Een doodverdronken man gaan — om en om
Slaan de armen met een wijd en woest gebaar
Zoo vielen ook de baren na elkaar

Toujours plus sombre et son cœur se figea
D'angoisse, quand des nuages coula
Une pluie de rayons de lune bue
Par les flots. C'est ainsi qu'un jour j'ai vu
Un moine auprès d'un tonneau bien rempli,
Le verre déjà prêt, lorsqu'il l'ouvrit
Un éclair coula comme si le vin
Contenait toujours le soleil du Rhin.
De même la lune dans un haut vent
A penché son urne pour son enfant.
Et entre mer et nuage une cave
Lumineuse où le vin coulait sans entraves
Sur ses pieds. Et autour de ses mollets
Quand au clair de lune elle pataugeait :
Dans chaque goutte une image lui rit ;
Mai s'arrêta souvent et souvent le vit.

Sur la plage un mont de sable, un château
Tel qu'en font les enfants, l'écume et l'eau
Noient les douves lorsque la marée monte :
Les petits pieds nus fuient et la mer gronde.
Œuvre d'enfants de pêcheurs ou peut-être
D'elfes de mer, comme on les voit paraître
Un matin d'été, quand le soleil tôt
Commence à briller d'un éclat pâlot ;
Au loin il y a alors l'apparence
D'enfants pressés qui des dunes avancent,
Garçons et filles, rose clair et nus.
Quand le sable blanchit ils n'y sont plus.
Peut-être ainsi fut bâti le château
Où elle s'assit contre un mur, au beau
Milieu des coquillages que la lune
Transforme en trésors lumineux ; aucune
Splendeur dès qu'elle cesse ; alors n'y logent
Plus que des plaintes, non plus les éloges
D'une fin d'après-midi en été.
Oh comme il lui coûtait de voir changer
L'obscurité dans le ciel, sur la mer,
La lune et sa laiteuse lumière
Glissaient des nuages dans le néant
Où brillaient les étoiles, s'éteignant
Tour à tour comme des fleurettes près
D'une rose. — La lune y déversait

Aldoor donkerder en haar hart werd leeg
Door angst, tot plots van uit wat wolken zeeg
Regen van stralen en de gouden maan
Het water laafde. Zoo heb ik zien staan
Een monnik bij een volle donkre ton
Met glazen geraad, en weg nam hij de spon
Dat 't vonken spoot in bekers of de wijn
De zon nog in had van den geelen Rijn.
Zoo stond de maanvrouw in een hoogen wind
En boog de urn voorover voor haar kind.
En tusschen zee en wolken leek een kelder
Van wijn verlicht, 't wijnwater plaste helder
Over haar voetje. En om haar volle kuit
Toen zij door 't maanlicht waadde, lachten uit
Iederen druppel beeldjes van de maan;
Zij zag het telkens en bleef telkens staan.

Er lag op 't strand een zandheuvel, een fort
Als kindren bouwen, schuim en water stort
De grachten binnen als de vloed opkomt:
De bloote voetjes vluchten, de zee gromt.
Dat bouwden visscherskindren of misschien
Wel elven der zee, zooals men 's zomers zien
Kan, op een morgen, als de zon heel vroeg
Begint te schijnen, en juist licht genoeg
Geeft; in de verte is er dan een schijn
Van loopende kinderen haastig uit het duin,
Jongens en meisjes, flauw rooskleurig, naakt.
Ze zijn er niet meer als 't zand witter blaakt.
Zoo was dit fort gebouwd misschien, waar zij
Ging zitten tegen 'n wal aan, om en bij
Lagen de schelpen, die het maanlicht maakt
Schatkamertjes van licht, maar als het staakt,
Dan is de glinstring dood en huist gekreun
Er binnen, geen behagelijk gedeun
Meer van de zomerachtermiddagen.
O wat verschrikte haar het wisselen
Van 't donker in de lucht en op de zee,
En van het melkig licht als de maan glee
Uit losse wolken in een zwartblauw meer,
Waar sterren fonkelden, maar keer op keer
Wegstierven, als grasbloempjes bij een roos
Gegroeid. — De gulle maan vergoot een hoos

Une averse de rayons ; fatigué
Son cœur d'enfant fut long à se calmer.

Et lorsqu'ensuite elle fut endormie,
Ce fut comme une mère qui sortit,
Sa sourde lampe lunaire à la main,
Partit derrière des nuages fins
Voilant gris le ciel bas ; dans l'embrasure
Où la lune disparut sa rayure
Brûla longtemps et fut plus tard mouchée.
Elle dormait sur la plage, couchée
En paix comme un coquillage, ne bougeait
Que l'eau peu profonde, qui remontait
Parfois jusqu'à elle en étincelant
D'une ride légère, Mai ressemblant
À une bague, quand l'eau capricieuse
Joue autour avec la pierre précieuse ;
Elle buvait le sommeil, sans un bruit
Sa respiration soufflait dans la nuit.

Alors commença sur la vaste scène
De la mer comme une tragédie pleine
De cris de meurtre, avec odeur de sang
Dans la salle — la scène est vide : un grand
Orage fait rage autour du pignon,
Des cheminées tombent, la garde en faction
Aux remparts entend un bruit d'ennemis.
La pluie pleure et cingle, le vent mugit,
Un tueur fuit la maison et l'on sait
Qu'un cadavre y gît : il tonne, un mauvais
Rayon de lune sabre le décor.

Dans les fonds marins gémirent alors
Ceux qui, partis un jour à l'aventure,
Sont rentrés en remorquant leurs captures
Chargées de fruits des Antilles et d'argent ;
Les pêcheurs ont vu ces marins montrant
Les tours sur la rive alors qu'ils passaient
Près d'eux, et ils virent comme luisaient
Les oranges, les citrons, la couleur
De l'or et de l'argent, sentaient l'odeur
Sucrée qui sortait par les écoutilles.
Mais avec ses nuées la nuit est sortie,

Telkens van stralen, 't was een lange tijd
Voor 't hart weer stiller ging der kleine meid.

En toen zij daarna insliep, was het of
Een moeder heenging als haar kind slaapt, dof
Verblonk in moeders hand de maanlamp, kort
Achter de dunne wolkschermen, een schort
Grauwbruin hing voor de lage lucht; een deur
Waarin de maan verging, één lange scheur
Brandde nog lang en werd pas laat gebluscht.
Zij sliep op 't rustig strand; even gerust
Lag ze als een der schelpen, er bewoog
Niets dan het ondiep water, dat soms hoog
Tot bij haar opliep, met een ikkering
In een licht rimpeltje, alsof een ring
Van geroest goud daar lag, en daarom heen
Het water speelde met den edelsteen;
Zij lag drinkend den slaap, zonder gerucht
Blies zij haar adem in de koele lucht.

En toen begon daar op het wijd tooneel
Der zee, als een oud drama waarin veel
Geroep van moord is, en de lucht van bloed
Hangt in de zaal — de scène is leeg: er woedt
Een dolle storm om 't hooge huis, er vallen
Schoorsteenen en de wachten op de wallen
Hooren geluid van vijanden in 't veld.
De regen huilt en gudst, wind giert, daar snelt
Een moordenaar het huis uit en men weet
Dat daar een lijk ligt: donder rolt en wreed
Rijt over het tooneel de maan een streep.

De diepte leek te kermen van wie scheep
Eens gingen uit dit land op winst en buit,
En die ook keerden, zilver en stapels fruit
Van de Antillen voerend in de prijzen
Op sleeptouw, visschers zagen 't bootsvolk wijzen
Naar torens op de kust, wanneer ze langs
Hun boorden varend, den oranje glans
Van appels en citroenen zagen en de kleur
Van goud en zilver, en den zoeten geur
Roken, die uit de open poorten sloeg.
Maar als de nacht kwam en haar wolken droeg,

Poussant les coussins qui font son armée,
Où elle dort — quand elle vit brisée
La remorque et échoué le navire,
Mauvaise elle éclata d'un rude rire. —
Ils gémissaient à présent : étendus
Sous l'eau parmi leur or, vieux et perdus,
Mortellement pâles, poussaient sans cesse
Des cris comme des hommes en détresse,
Ondulaient dans les flots. C'était affreux.
Mais sourde de sommeil, Mai de ses yeux
Lumineux ne vit rien, tant elle était
Fleur nocturne dans un gazon épais :
Elle buvait le sommeil, sans un bruit
Sa respiration soufflait dans la nuit.

Longtemps seuls ces pleurs affreux de la mer
Montaient, l'on aurait dit la plainte amère
Que fait l'automne dans les bois, le vent
Dans l'âtre d'une chambre où un enfant
Essaie de dormir. Mais il sent des larmes
En lui-même et ne dort pas. Ce vacarme
Parcourait la mer, tantôt allait haut,
Haut dans le noir, où le vent de sa faux
Déchirait les nuages, puis bien bas
Sur les vagues assoupies où de gras
Cachalots nageaient avec componction.
Puis résonna comme un cri de héron
Qui appelle à minuit dans les marais,
Si bien qu'un voyageur dans la forêt
S'arrête dans l'herbe au bord du chemin
Sous les frondaisons ; puis repart enfin
Au clair de lune, plein d'étonnement.

Qu'est-ce qui au loin s'assombrit autant ?
Le ciel est-il pris d'émotion ? Ou bien
Sont-ce des pêcheurs qui rentrent, d'où vient
Cette rumeur de pluie ? J'entends un tapage
Comme des oiseaux pendant un orage
Quand un cadavre gris gît sur la grève.
Qu'y a-t-il, qu'est-ce qui trouble les rêves
De Mai, qui ouvre les yeux lentement,
Fixement, comme une malade en blanc ?
Ou est-ce que ce sont ses rêves étranges

De zware kussens die haar leger zijn,
Waarin ze lui slaapt — dan zag ze de lijn
Breken en 't stranden van het rijke schip.
Ruw klonk het lachen van haar donkre lip.
Die leken nu te kermen: tusschen goud
Lagen gelaten onder water, oud,
Doodsbleek en doodzwart, van hun lippen vlood
Een flauw geroep als van mannen in nood,
En wiegd' in 't water. Dat was schrikkelijk.
Maar Mei was doof van slapen, liet geen blik
Van hare lichte oogen glippen, was
Een nachtelijke bloem in veel zwaar gras:
Zij lag drinkend den slaap, zonder gerucht
Blies ze haar adem in de koele lucht.

Lang klom dat akelig gehuil alleen
Uit zee, het leek het druppelend geween
Dat in de bosschen herfst maakt, en de wind
Een schouw door in een kamer, waar een kind
Probeert te slapen. Maar het voelt geween
Ook in zich zelf en slaapt niet, zoo alleen
Liep dat geluid de zee rond, nu eens hoog,
Hoog in het donker, waar de wind bewoog
Angstig de wolkzoomen, en dan heel laag
Waar tusschen dommelende golven traag
Walvisschen zwommen op hun logge romp.
Dan klonk het als geroep van een roerdomp
Te middernacht, die schreeuwt uit het moeras,
Zoodat de reiziger in het boschgras
Dat langs den grijzen straatweg groeit, blijft staan,
Onder de bladerschaduw; in de maan
Gaat hij dan verder, vol verwondering.

Wat is er in de verte schemering?
Bevangt de lucht ontroering? Komt er thuis
Een rij van visschers, wat is dat gedruisch
Als van een bui zeeschuim? Ik hoor gekras
Als van een vogel als er storrem was
En er een lijk ligt op de grijze kust.
Wat is er, wat verstoort de stille rust
Van Mei, die de oogen opent en daar zit
Staroogend, als een kranke vrouw in 't wit?
Of zijn het ook haar wonderlijke droomen

Qui viennent en procession le long des franges
De la mer, les vagues blanches à leurs pieds.
Et l'œil de Mai cherche à les rencontrer,
Que portent-ils, ces hommes sombres en
Chasubles, écoutez, ils vont lamentant
Peut-être une morte ; elle gît en bière.
Elle est jeune et dans sa blonde crinière
Dénouée se perdent les fleurs d'Avril.
Malheur, c'est sa sœur, voyez-la fébrile
D'aller la voir, de baiser sa main blême
Sur le linceul blanc, mais le sable même
La retient, écoutez comme elle pleure.
Des corbeaux volent, leurs cris de malheur
Déchirent l'air et une rumeur sourde
Comme d'une chute de neige lourde
S'élève des pieds qui s'en vont déjà.
Tout doux, mon enfant, ne regarde pas.
La Mort caracole, un grand homme pâle,
Il suit le cortège, lui seul sera le
Grand consolateur, le voilà qui passe,
Tout doux, ce qui est mort il le ramasse.

Comme les moutons sur la lande, tard
Dans la lumière verdâtre du soir,
Que d'une colline l'on voit aller
Des confins des landes dans une allée
Qui tourne — ainsi la procession quitta
La plage allongée, Mai les observa
Aussi longtemps que les oiseaux crièrent.
Puis la peur quitta ses traits, s'allongèrent
À son côté ses mains lourdes, perdues
En songe avec elle, puis ne vinrent plus
D'autres rêves, c'était comme si la Mort
Les avait tous emportés vers le nord.

Quelqu'un sait-il le plus beau sur la terre,
Le plus beau de tout ? Dont on voit un air
Dans tout ce qui nous donne de la joie ?
Qu'on aime en ce qui vit autour de soi ?
Par quoi l'un veut l'argent, l'autre la femme,
Ou tel lui-même, alors que tous s'affament
Après ce qui n'est en réalité
Qu'un mot ? Qui le sait ? Eh bien, écoutez.

Die daar in optocht langs den zeezoom komen,
De witte golven lekken hunnen voet.
Het oog van Mei gaat glanzend hun temoet,
Wat is het dat die donkre mannen dragen
In monnikskap en pij, hoor, hoor, ze klagen
Als om een doode; dié ligt op de baar.
Zij is nog jong en in het blonde haar
Dat hangt, liggen de bloemen van April.
Wee, wee, het is haar zuster, zie ze wil
Al tot haar gaan, kussen de witte hand
Die ligt op witte wade, van het zand
Kàn ze niet opstaan, hoor, hoor, hoe ze schreit.
Daar fladdren kraaien en hun schreeuwen rijt
De lucht aan arden, en een dof gedruisch
Als van een sneeuwbui om een donker huis,
Zwiert om de voeten die al verder gaan.
Stil, kind, wees stil en zie het niet meer aan.
Daar rijdt de Dood, die bleeke groote man,
Den donkren stoet al na, hij alleen kan
Ons troosten, daar rijdt hij, is nu voorbij,
Stil, stil, wees stil, wat dood is berregt hij.

Zooals de schapen van de heide, laat
Door 't groene avondlicht gaan, dat wie staat
Op een bemosten heuvel, ze ziet gaan
Van den heizoom en in een donkre laan,
Den hoek om — zoo verliet die donkre troep
Die zij nazag, zoolang nog het geroep
Van vogels opging, het gerekte strand.
Toen zonk de angst van haar gelaat, haar hand
Lag droomend naast haar, klein en blank en loom
En veilig en sliep mèt haar en geen droom
Kwam meer, het was alsof de Dood
Die meenam toen hij in het Noorden vlood.

Weet iemand wat op aard het schoonste is,
Het allerschoonste? welks gelijkenis
Hij ziet in alles wat hem vreugde geeft?
Waarom hij lief heeft wat rondom hem leeft?
Waarom diè rijkdom wil en diè een vrouw
En één zichzelf, hoewel ze allen nauw
Weten dat ze iets zoeken dan een woord
Alleen? Weet iemand dit? Wel, hoort.

C'est pourquoi le poussin cherche la poule,
L'enfant le sein, pourquoi moi je refoule
L'automne et l'hiver, qui semblent la nuit
De l'année — pourquoi un jeune enfant fuit
L'éclat des étoiles mais non le feu
D'une bougie blanche — d'un air heureux
Il veille longtemps sur son oreiller,
Suit des yeux la vacillante clarté
Et la flamme brûle encore en ses rêves.
C'est pourquoi la musique nous élève
Mais le marbre fait peur dans sa blancheur,
Pourquoi j'aime tant la rose et l'odeur
Des beaux fruits et le velouté des pommes.
C'est pourquoi la femme promet à l'homme
La chaleur de ses bras, se réjouit
De la nuit nuptiale et le remercie
De son amour, et pour lui c'est pareil.
C'est le feu, la chaleur, c'est le soleil.

Les nuages devinrent clair carmin,
Les flaques grises luisaient, et du vin
Se mêlait ici et là à la houle,
Tel un feu du Bengale que refoule
L'écume des vagues, riant rideau :
Ainsi rit le vin dans un verre d'eau.
La mer devint comme la Grèce ancienne,
Ou ce qu'il en reste, jadis si pleine
De dieux et de temples ; à présent par terre
Colonne et chapiteau brisé : la pierre
S'effrite en morceaux et s'assombrit d'ombres,
Des œillets poussent, abeilles en nombre
Y butinent, pourtant paraissent sombres
Quand le soleil brille à peine. — Mais la
Danse des couleurs bientôt commença
Sur le bastion des nuages à l'ouest.
Le vent se leva et un drapeau leste
Sembla claquer, ainsi qu'un cygne blanc
Dégourdit ses ailes près d'un étang,
Les plumes volent aux coups de soufflet :
L'écume s'éparpilla en duvets.
Le soleil fit des dorures, un miroir
Sculpté flotta en mer, l'on pouvait voir
Le jeu des couleurs et dans chaque auget

Het is waarom het kuiken zoekt de hen,
Het kind de moederborst, waarom ik ben
Bang voor den winter en den herfst, den nacht
Van 't jaar — waarom een jong kind niet de pracht
Der sterren liefheeft, wel een vlam en vuur
Van een wit kaarsje — met een klaar getuur
Ligt hij op 't kussen wakker, lang, en met
Zijn oogen volgt hij 't waaiend flikkren, het
Vlammetje brandt nog in zijn droomen voort.
Het is waarom zang en muziek bekoort,
Maar marmer mij verschrikt en witte kleur,
Ik roode rozen liefheb en den geur
Van blinkend fruit en verf van donzig ooft.
Het is waarom een meisje een man belooft
Te stoven in haar armen en verlangt
Naar 't warme mooie huwlijksuur, ze dankt
Hem voor zijn liefde, of hij anders kon.
Het is het vuur, de warmte, 't is de zon.

De wolken werden van een licht karmijn,
Uit grauw van plassen welde gloor, en wijn
Verwolkte hier en daar tusschen de golven,
Als Bengaalsch licht, het werd dieper bedolven
Door ruige schuimkoppen, maar 't lachte toch:
Zoo lacht in waterkelk wijndroppel nog.
De zee werd aan een oud Grieksch land gelijk
Zooals dat nu is, maar eens was het rijk
Aan beelde' en tempels; nu liggen dooreen
Zuilen en blokken kapiteel: de steen
Verweerde in brokken en werd schaduwig.
Er groeien anjelieren en honig
Zuigen daar bijen, toch lijkt het droevig
Wanneer de zon pas schijnt. — Maar 't werd een dans
Weldra van alle kleuren op de schans
Van wolken, die nog op het Westen lag.
Een wind begon te waaien en een vlag
Leek wel te klapp'ren, of een blanke zwaan
Zijn vlerken uit te slaan stond bij een baan
Van vijverwater, veeren rak'len los,
En schuim verstoof zooals die vogeldos.
De zon ging aan 't vergulden, spiegelglas
In goudsculpturen dreef in zee, er was
Speling van kleuren en in elken kuil

Naissaient des couleurs, d'autres s'y cachaient.
En mer des bulles irisées, mais sur
La plage les couleurs de magie pure
Venant des coquillages : violets,
Gris nacré, jaune d'ambre, qu'encadraient
De petits coquillages de grenat.
De là venait un brouillard incarnat
Qui se satinait en lueurs ivoire
Sur la plage. Et c'est un miracle de voir
Que Mai s'éveille et y plonge les bras,
Dressée, s'appuyant sur ses mains à plat,
Qu'un craquement provient des coquillages
— Un rayon oblique éclaire son visage
Doux et humide encore de sommeil,
Son regard va au-devant du soleil
En grimpant les dunes jusqu'à leurs crêtes,
Elle éclate de rire, le cœur en fête,
Se lève d'un bond, robe remontant
Au-dessus du genou — puis elle attend —
Qui en été n'a vu près d'un ruisseau,
À travers les champs ou dans les roseaux
La nymphe des bois rire, et qu'un pinson
Tout près chantait aussi, quand un gardon
Sautait hors de l'eau, qu'une libellule
Flottait dans l'azur sur les campanules.
Moi j'entendis ce rire dans les landes,
Le soir alors qu'une abeille gourmande
Rentrait énervée, chargée de pollen.
Les collines s'assombrirent, des traînes
Jaunes et pourpres couvraient l'horizon ;
Une nymphe longeait les frondaisons
Où brillaient les yeux malins d'un satyre,
Un bruit et je vis sa houppe sortir
Devant le ciel, j'entendis un tranquille
Bavardage, un rire de joie facile.
Elle rit comme un oiseau chante un temps,
Rossignol caressant l'air de son chant,
Bec ouvert sur un rameau immobile
Près d'un étang, le feuillage fébrile
Laissant passer peu de lumière, au loin
Il y a des rumeurs, mais le refrain
De l'oisillon domine tout quand même. —
Ainsi le rire que sa bouche sème.

Ontsproten kleuren, gingen kleuren schuil.
Daar waren 't zeepsopbellen, maar aan 't strand
De kleuren van dat dartel tooverland,
Dat schelpen elkaar maken: violet,
Grijs parelmoer, geele barnsteen, omzet
Met kleine schelpjes als van nat granaat.
Daarvan steeg damp op met een incarnaat
Van al die glanzen tot één witten gloed,
Langs 't heele strand. Maar het werd wonderzoet
Te zien, toen Mei daarin haar armen stak,
Ontwakend, oprijzend, zich op het vlak
Van hare handen steunend dat gekraak
Kwam van de schelpen — op haar teere kaak
Vochtig van slapen, schoot een zonstraal schuin,
Dat het bloed beefde, van den rand van 't duin.
Zij keek er langs de zon zelf te gemoet,
Begon te lachen en sprong òp te voet
En schortte 't rimplend kleed zóó dat de knie
Bloot bleef — toen stond z' en poosde — wie
Zag in den zomer bij den vollen vliet,
Door 't heete weiland, in het blauwe riet,
Ooit zoo een boschnimf lachen, was er ook
Zingend een leeuwerik vlak bij, al dook
Een voren op of dreef een juffer aan
In 't blauw, al had ze bloemen uit het graan.
Zulk lachen hoorde ik wel eens op een hei,
Laat na een middag als een donkre bij
Vertoornd naar huis raasde onder zijn vracht.
De heuvels werden donker, maar een dracht
Van geel en purper om de westerkim;
Een nimfje gaat langs 't lage hout en slim
Glinstren daar sateroogen, een geschuif
Door dorre bladen, en zijn steile kuif
Zie 'k voor de lucht gaan, dan klinkt stil gekeuvel
En dan genietend lachen om den heuvel.
Zoo als ze lachte zit een vogel lang,
Een nachtegaal, streelend de lucht met zang,
Met open bekje op een stillen tak,
Boven een boschvijver, het bladerdak
Laat weinig nachtlicht door, er is geluid
Ver in het bosch, maar boven alles uit
Kweelt toch het zwarte vogeltje zijn slag.
Zoo wolkte en welde van haar mondje lach.

Elle attend, puis elle part en courant,
Ses pieds rouges troublent le sable blanc,
Cheveux au vent et robe immaculée,
Avec de grands gestes désordonnés
Des bras et des mains comme une enfant, jette
Un cri qui tinte comme une clochette.
Sur la dune escarpée elle se dresse
Dans l'oyat agité, le vent caresse
Son visage et ses cheveux, qui cascadent
Dans son dos comme si une parade
Dorée descendait l'escalier du ciel,
L'azur caché par l'or, claque autour d'elle
Comme une étoffe, et jaune sa lueur.
La mer pleure lorsqu'elle court vers l'intérieur.

Commence alors son magique voyage,
Ainsi la lune monte au ciel, sauvage
Le vent se lève — que tous la regardent.
Car qui l'a vue ainsi une fois garde
Sa joie toute l'année, même en hiver
Il voit ses yeux. Elle saute légère,
Ses bras se balancent comme le gréement
D'un bateau qui tangue. Suivie du vent
Elle traverse l'or du soleil, va
Sur de chauds glaciers de sable, puis à
L'ombre.

Dans toutes les dunes qu'elle escalade
L'accueillent les vallons en ambassade,
La priant de rester ; ainsi des rangées
De fleurs bleues et jaunes bien ordonnées
L'attendent comme une foule au théâtre.
Elles lui disent leurs noms, opiniâtres,
L'eau à la bouche, les fleurs d'œillet folles
Et les violettes dont les corolles
Se balancent dans la mousse, et les froids
Perce-neige poussant dans les sous-bois.
Mais en vain ; elle poursuit son chemin
Vers un étang dans les dunes, le bain
Des oiseaux, qui ne reflète en été
Que petit bétail en train de brouter
Au ciel avant de rentrer à l'étable
Auprès des bœufs dès qu'une étoile stable

Zoo stond ze lang, toen ijlde ze al voort
Op roode voetjes, wit zand werd verstoord,
In haar blank kleedje en het gouden haar
Daarover heen en met een ruim gebaar
Van arme' en handen als een kind en schel
Een uitroep, rinklend als een arrebel.
Nu op het steile duin, zie waar ze staat,
Tusschen het helm dat waait, om haar gelaat
Wind en haarlokken, en een hooge val
Van stroomgoud achter haar, alsof de hal
Des hemels leeg liep langs vergulden trap,
Onzichtbaar 't blauw van goud, in handgeklap,
Uitwuivend linnen en een geelen gloed.
Hoe eenzaam blijft de zee nu zij het land in spoedt.

En nu haar tooverige tocht begint,
Zoo drijft de maan den hemel in, de wind
Steekt zoo op — laat nu ieder zien naar haar.
Want wie dit eens zag, heeft het lange jaar
Vreugde genoeg en ook in wintertijd
Ziet hij haar oogen nog. Ze huppelt blijd,
Op maat schom'len haar armen als de ra
Van 't schip in golven. En de wind loopt na,
En zij loopt door het gouden zonlicht, nu
In heete gletschers zand en dan waar 't luw
Is.

Binnen alle duinen waar zij klom,
Heetten haar die valleien wellekom,
En baden of ze bleef; stond niet een rij
Van blauwe en geele bloempjes zij aan zij
Geschaard, zooals menschen in een theater.
Zij zeiden alle hare namen, 't water
Komt daarbij in den mond, de geele nelken
En vroolijke violen die de kelken
Zacht bengelen doen door het grazig mos,
En koude sneeuwklokjes bij kreupelbosch.
Dat te vergeefs; maar eenmaal leek haar doel
Een effen duinvijver, een vogelpoel,
Die 'n zomerdag niets doet dan spiegelen
Het kleine vee dat de lucht afweidt en
Zich samen naar den stal beweegt, waar ver
Al zware rund'ren liggen en een ster

Brille dans le soir ; quand le jour décline
Les oiseaux s'y baignent, l'abeille butine
Aux flancs de sa berge et le faible écho
Du ressac parcourt la dune, et les hauts
Herbages se plient. Elle boit, enfonce
Les lèvres dans sa main creuse — l'eau fronce
Les sourcils où les gouttes s'éparpillent,
L'herbe est vert tendre ; autour de sa cheville
L'eau jaillit, tout redevient silencieux,
Muet, alors elle baisse les yeux
Et se voit elle-même. Sursautant
De joyeuse frayeur dans un instant
Où elle ne pense pas, la tête pleine
De douce audace et de folie — sereine
La source — hésitante elle fait un pas
Et se voit rougir, reflétée d'en bas
Comme un rubis sur un fond bleu d'atours
De cour. De se voir est un festin pour
Ses yeux : son sourire s'ourle si beau,
S'agenouillant pour s'embrasser dans l'eau.
Quand quatre lèvres se touchent son œil
Voit son reflet de tout près, l'eau l'effeuille
Et trompeuse dissout en maintes rides
Les joues de la belle enfant, son limpide
Menton ballotté par les vaguelettes.
Patiente elle attend que les rides muettes
Meurent sur les bords. De sa bouche coulent
Des gouttes perlées, là où elles roulent
Une fleur sort du sol, la marguerite.
Assise au milieu des fleurs qui l'invitent
À les regarder elle attend que l'eau
Stabilise son reflet à nouveau,
Elle épelle les lettres de sa beauté
En remuant les lèvres, concentrée,
Voudrait pouvoir raconter ces merveilles
À quelqu'un. Il n'y a que le soleil.

Mais de l'étang un ruisseau part, et erre
L'eau qui s'éclaire en joyaux, une pierre,
Galet de marbre dans son lit, dissout
Du vif-argent qui resplendit là où
L'herbe épaisse pousse. Et des buissons vierges
Au lourd feuillage recouvrent les berges,

Des avonds brandt; zoodra die avond komt,
Dalen daar vogels in, het bijke bromt
Langs heuvelhelling en de flauwe echo
Der avondzee komt door het duin, en stroo
Wuift neigende. Daar stond ze nu en dronk,
De lippen in 't hol handje — 't water wonk
Met de wenkbrauwen waar de druppel viel,
In lichtgroen gras; nauwsluitend om den hiel
Perste het water op, 't werd stiller weer
En heel stil, toen sloeg ze de oogen neer
En zag zich zelve. En een blijde schrik
Verstelde haar, het werd een oogenblik
Waarin ze niet dacht, vol van zoet gevoel
Van dartelheid en overmoed — en koel
Lag nog de wel — schroomend deed ze een stap
En zag haar eigen blozen, voor een lap
Weerspiegelend blauw als een rood robijn
Op hofgewaad. Dat was voor 't oog festijn
Om naar te zien: haar lippen krulden om,
Ze knield' om zich te kussen in den kom.
Maar toen vier lippen raakten en haar oog
Zijn glans vlakbij zag lichten, toen bedroog
Het water haar en vaagde rimpels in
De wangen van het beeldig kind, haar kin
Ging dobberen in golfjes. Zij bleef stil,
Geduldig wachten tot de breede ril
Aan de oevers uitstierf. Van haar mondje droop
Een kettinkje druppels, waar 't viel daar kroop
Een bloempje uit den grond, een meizoentje.
Zoo zat ze midden in bloemen, en ze
Keek naar hun witte kroontjes tot de plas
Haar beeld weer stil hield, en het was als las
Ze aandachtig letters van haar schoonheid; zoo
Bewogen hare lippen tot ze bloo,
Of iemand daar was opzag, wien ze kon
Vertellen. Er was niemand dan de zon.

Maar uit den vijver vluchtte een beekje heen,
Water louter juweelig licht, een steen,
Een marm'ren kei in 't beddingzand, laat kwik
Los, zilver, dat fijn schittring geeft waar dik
Riviergras is gewassen. Zwaar geblaard
Staan jonge planten in de oeveraard,

Ce sont les auditeurs du doux ramage
Que produit l'eau qui tombe d'un étage
Et parle plus bas dans l'ombre du bois.
Lierre et fougère écoutent, mais non pas
Les hauts arbres, toujours pleins de rayons
De soleil et de vent, de tourbillons
D'étourneaux criards. Puis tard dans la nuit
L'eau est audible quand le hibou rit.

Elle s'y rend comme un papillon blanc,
Taches de lumière en damier tremblant
Sur ses jambes. Elle descend et touche
L'endroit où le ruisseau tombe et débouche
Entre deux prés, qu'il caresse tous deux.
Là un saule se reflète, ombrageux
Gardien, et le bétail y vient le soir
Boire au courant, c'est là que viendront choir
Plus tard les feuilles de novembre, et y dort
Pendant d'autres mois l'été jeune encore.
Là, dans le coin où ces prés se terminent,
Entre des aulnes et une aubépine,
Il y a un panier plein de fleurettes,
Plein à ras bord, de son bord tombe en fête
Une guirlande de lilas, le poids
Des fleurs semble énorme, mais tout en bas
Dans l'ombre un bouton d'or brille malgré tout.
Mai posa son pied dans le sable mou,
Des chevilles poussa dans le ruisseau
L'eau qui effaça ses pas ; sur les flots
Les rides semblaient rire de ses pieds,
Dans l'ombre en spirale encore en jouer.

À peine au sec elle vit de la sorte —
Ainsi qu'une enfant épie par la porte
Le gâteau promis — ces fleurs, s'y rendit
Au plus court par la haie qu'elle fendit,
Que les boutons tremblaient, puis renversa
Le panier avec un grand cri de joie.
Pelletant à pleins bras dans la rosée
Elle dansa dans le champ ; décorée
Fut chaque pelote de trèfle, un vol
De fleurs fleurit sa danse, sur le sol
L'arbre n'en verse pas tant quand l'averse

Het zijn de luistraars naar het zacht geschal
Dat 't water maakt. Het springt met zwarten val
En praat en babbelt lager in de schaûw.
Klimop en varens luisteren, maar nauw
De hooge boomen, die zijn altijd vol
Van zonschijn en van wind en 's avonds dol
Van spreeuwgekwetter. Maar laat in den nacht
Is 't water hoorbaar als de boomuil lacht.

Als een wit vlindertje liep zij daar heen,
Door bonte vlekjes licht, op 't witte been
Bevend schakeerend. En toen klom ze af
Waar het beekwater viel en monding gaf
Tusschen twee weien, die het beide streelt.
Daar staat een wilg, een wachter die zich beeldt,
En komen grove runderen den stroom
Drinken des avonds, daar valt laat en loom
Het loof af in November, daar licht loomer
In vreemde maanden al de jonge zomer.
Daar stond in 't engste hoekje van de wei
Tusschen wat elzen en een haag van mei-
Doorn rood geknopt, een bloemkorf opgehoopt
Met versche bloemen, om den korfrand loopt
Een slinger van seringen, 't lijkt gewicht
Van bloemen, maar heel binnen in half licht
Glimt nog een boterbloem. Mei had gezet
Haar voet in 't weeke zand, en sleepte met
Haar enkels 't klare water door de beek,
Die 't spoor wegwischte; de oppervlakte leek
Om 't voetje pret te hebben, in 't lommer
Bleven spiralen spelen op 't water.

Nauwlijks op 't land, daar zag ze in dien hoek
Zoo ziet een kindje om de deur, wien koek
Beloofd werd — bloemen, en een korten weg
Nam zij er heen en liep onder de heg
Dat knopjes schommelden, en gooide dol
Jublend den bloemkorf om. En handen vol
Weer scheppend uit den dauw, had ze een dans
Door 't heele weiland; geen klaver had kans
Zijn kluwens niet gesierd te zien, het stoof
Van bloemen om die danste, een boom die 't loof
Bezwaard van regen strooit, geeft zooveel tooi

Sature ses feuilles — comme on déverse
Des sucreries qui froufroutent et craquent
Le soir de Saint Nicolas, ou à Pâques
Quand on va cacher des œufs colorés.
Elle dansa et fleurit tout le pré
Et le ruisseau, car comme une fontaine
Gicle en colonne et tombe en gouttes pleines,
Ainsi de ses épaules retombaient
Des vols de fleurs. Et elle en relançait
Et l'air les ouvrait. Quand un magicien
Lance ensemble ses balles de satin
L'œil ne voit plus qu'un arc-en-ciel dans l'air—
Ainsi les fleurs tombaient dans la rivière ;
Elle les prit et les fixa aux bords
Des champs, voilà que ces flammes colorent
Toute la Hollande. Leur parfum gonfle
Les voiles des navires, le vent ronfle
Et garnit de fleurs en long et en large
Les pommiers. Mais ce n'est pas une charge.

Sous la haie elle chercha le repos,
Comme auprès de la vache un jeune veau
Replie ses faibles pattes, son menton
Emplissait ses mains. Comme il était bon,
Songea-t-elle, qu'ainsi se réalise
Le beau travail de Mai. Comme une église
Est ciselée, emplie de haut en bas
De riches sculptures. Dans le beffroi
L'on voit les artisans en tabliers
Qui repeignent tout, posent des planchers.
Depuis la rue l'on n'en remarque rien. —
Elle se dit : « Allons voir si j'ai bien
Porté des fleurs aux pommiers, si le mur
Fruitier est déjà couvert du sang des mûres,
Voilée de vigne la grange à fléaux.
Ou resterai-je à jouer avec l'eau,
Et m'amuser avec les papillons
Volages. Ou chercher les bons buissons
De sureau pour fabriquer une flûte,
Dont le son par la haie se répercute
Dans le pré voisin, faisant fuir les veaux
À toutes jambes : le mauve aussi est beau
À cueillir, le noisetier aussi doux,

Niet aan den grond — het leek ruischend gestrooi
Meer, op den avond van St. Nikolaas
Van gekleurd suikergoed, of als met Paasch
Men bonte eitjes te verbergen gaat.
Zij danste rond en heel de wei had baat,
En ook de beek, want als een springfontein
Die een kolom spuit, maar in druppen klein
Gemaakt wordt, zoo viel bij haar schouders neer
Een vlucht gebloemte. En telkens wierp ze weer,
De lucht blies ze open. Als een goochelaar
Satijnen ballen gooit, die door elkaar
Omhoog gaan, dat het oog kleurbogen ziet
Zoo vielen ook veel bloemen in den vliet;
Die nam ze mee en hechtte ze in den rand
Van landerijen, dat heel Holland brand
Vat van die vlammetjes. De schepezeilen
Worden met weidegeur gevuld, en mijlen
Ver wordt de bonte bloesem opgetast
Door wind op ooftboomen. Maar 't is geen last.

Toen legde ze zich moe onder de haag,
Zooals een koejong, een kalfje, dat traag
Zich op z'n weeke pootjes laat, haar kin
Vulde haar handen. En toen viel haar in,
En dacht ze lang hoe nu het mooi Meiwerk
Bezig in stilte was. Zoo wordt een kerk
Gesierd en zuilen die gewelven schoren,
Met beeldjes volgebeiteld. In den toren
Ziet men arbeiders in hun schootsvel staan;
Men schildert ramen, legt den vloer. Wie gaan
Op straat, hooren daar weinig van. — Zij dacht:
'Zal ik gaan kijken of ik heb gebracht
Den appelboom bloesem, of de broeimuur
Den moerbei bloedig maakt, d' oude dorschschuur
De wijnrank al omsluiert. Of zal 'k hier
Blijven met water spelen, en plezier
Met vlinders maken die daar in de poort
Van 't weiland dansen. Of zal ik het soort
Van vlierhout zoeken, waaruit ik een uit
Boor, om dan door den dorenheg geluid
Te maken in het land hiernaast, dat kalven
Weggaloppeeren: ik kan ook wel malven
Gaan samen zoeken, ook de hazelaar

Et l'aulne est agréable comme tout. »
Elle hésitait, un papillon choisit
Pour elle en dansant sous son nez petit,
Se pliant et clignant, que l'écriture
De ses ailes se brouilla, des gravures
De runes, ou bien les précieux mystères
Que l'on connaît en Inde, écrits en vers
Sur des tapis d'orient. Et elle aussi
Les déchiffra, du moins elle y réussit
Avec ses doigts, pareils au papillon
Entre ses mains, avec grande attention
Elle regarda son prisonnier sage,
Jaune de pollen, assis dans la cage
De ses doigts roses. Elle était couchée
Sur le dos, les genoux croisés, pressées
Ses lèvres l'ont lu. Puis pendant des heures
Elle fixa le ciel, sans joie, sans peur.

Jusqu'à ce qu'elle se tourne et que sa
Joue compresse le corail de son bras
En ovale au lieu de colonne arrondie.
Par-dessus sa main, depuis l'ombre, elle vit
Deux yeux et le corps d'une femme, couchée
Comme elle-même en long dans la rosée,
Dans l'autre pré, dans l'éclat du soleil.
Sa voix à l'éclair de ses yeux pareille
S'éleva, et ce furent diamants :
« Je suis couchée ici aussi longtemps
Que toi de ton côté jouis des fleurs,
J'y étais déjà quand la glace en pleurs
Gelait la cascade. Les nuits d'hiver
J'ai grimpé les dunes du bord de mer
Pour faire le guet au sommet des crêtes
Quand — plaisantant même dans la tempête —
J'avais entendu l'appel des Tritons.
Mais je ne voyais au septentrion
Que lueurs de glace polaire et bleu
Couleur de solstice d'hiver, mes yeux
Coulaient et moi je tremblais dans mes larmes ;
Alors je venais ici rêver des charmes
Du printemps et de toi — puis un matin
La brume quitta les champs et soudain
Les oiseaux vinrent. Alors j'ai cherché

Is zacht, elzen gezellig met mekaar.'
Zoo dacht ze, maar een vlinder nam de keus
Al dansende, vlak voor haar kleine neus
Knippend en wenkend dat het teekenschrift
Der vlerken moeilijk leesbaar werd, gegrift
Stonden daar runen en een duur geheim
Dat men in Indië weet, het staat in rijm
Op Oostersch roomkleurig tapijt. Heel wel
Wist zij het ook, althans na een kort spel
Van vingers, die toen ook wel vlinders leken,
Had ze 'm in 't handje en haar oogen keken
Met aandacht in het roode kooitje, geel
Zat de gevangene en z'n stuifmeel
Op hare toppen. Zij lag op den rug
Een knie boven de andere, en vlug
Lazen haar lippen het. Toen lag ze lang
Den hemel aan te zien, niet blij niet bang.

Totdat ze òmging en haar wang 't koraal
Van haren arm deed dalen, en ovaal
Dien maakte van rond als een zuil. Ze zag
Over haar hand die in de schaduw lag,
Twee oogen en het lichaam van een vrouw
Die lag als zij, ook languit op den dauw,
In 't andre weiland in den schijn der zon.
Haar stem was als haar ooglicht, die begon
Te klinken en het was als diamant:
'Ik lig hier al zoolang gij aan uw kant
Met bloemen blij zijt, ja lang lag ik al
Hier, toen het grijze ijs dien waterval
Bijna verstremde. Ik heb in winternacht
Menige maal omhoog gegaan, op wacht
Gestaan daar op het duin, wanneer
Die spotten zelfs bij storm in winterweer
Ik 't roepen van den Triton had gehoord.
Maar als ik boven was, zag ik het Noord
Verlicht van poolijs en nog helderblauw
Als bij de winterevening, de kou
Deed mij daar rillen in mijn tranen; dan
Daalde ik weer en lag hier droomend van
Lente en U — totdat de ochtendrook
Die op de akkers trekt, lichtte en ook
Weer vogels vroeger vlogen. Toen heb ik

Des fleurs ; et c'est toi qui m'a exaucée. »
Ainsi dit-elle, et l'autre demanda,
Et ce fut comme un vol d'oiseaux qui va
Voltiger au village de bonne heure,
Picore les pavés, à l'extérieur
Tout est tranquille et nul ne veille hormis
Les oiseaux — c'est ainsi qu'en ce pays
Tout se tut, jusqu'aux épis, le ruisseau
Ne suçait plus son mors, au bord de l'eau
Le saule retenait son bruissement
De feuillage et le lièvre également —
« Entends-tu aussi murmurer la mer,
Je l'entends volontiers, car c'est amer,
N'est-ce pas, un peu, et mes sœurs là-haut
Sur le soleil en entendent l'écho
Et en sont tristes : si seule à toute heure
La mer parle, on dirait parfois des pleurs.
J'aimais l'entendre depuis le soleil,
Son murmure est la source qui relaie
Pour nous ce qui existe sur la terre.
L'on peut tout entendre dans son chant clair,
Car elle connaît nuage et soleil ;
Et j'ai déduit de leurs noms les merveilles
Que j'entendais, je me réjouis tant
Quand ce fut enfin mon tour. Maintenant
De mille objets j'ai déjà dit le nom.
Puis ici j'ai trouvé ta floraison
Et toi-même. Qui es-tu ? Vis-tu seule,
Est-ce ton eau, c'est de toi que se veulent
Toutes ces filles de fleurs ? J'aurais cru
Qu'elles auraient attendu ma venue. »
Ainsi dit-elle, et le vent souffla bas
Dans la haie d'aubépine et puis cessa.
La femme alors de son coin de soleil —
Parla, sa voix à la cloche pareille
Qui appelle à midi les paysans —
Et elle dit : « Ta voix, ma belle enfant,
Est semblable à l'appel d'un tourtereau,
Appelant sa tourterelle. C'est un beau
Trésor pour l'oreille ; il ferait si bon
Rester à écouter le carillon
De ta bouche : abondance d'une mare
De miel, hydromel d'abeilles, nectar.

Bloemen gezocht; gij hebt ze, eindelijk'.
Dat zei z' en zweeg, terwijl haar buurvrouw vroeg,
En 't was als een schaar vogeltjes, die vroeg
Heenzwieren door een dorpstraat en dan saam
Gaan pikken op de steenen, deur en raam
Zijn nog niet open en er waakt niemand
Dan vogeltjes alleen — zóó werd dat land
Ook stil met al zijn halmen, aan zijn toom
Knabbelde niet de beek, de wilgeboom
Hield stil zijn witte blaadjes van geraas
En voor zijn hol toefde een bruin duinhaas
'Hoort ge het mompelen wel van de zee,
Ik hoor 't zoo gaarne, want het doet wel wee,
Is 't niet, een weinig, en mijn zusters staan
Hoog op de zon en hooren het ook aan,
En zijn wat ernstig: hij spreekt zoo alleen
En doet dat altijd, 't lijkt wel soms geween.
Maar ik mocht toch zoo gaarne op de zon
Naar zijn geluid hooren, hij was de bron
Van wat wij wisten dat op aard geschiedt.
Men kan van alles hooren in zijn lied,
Omdat hij wolken kent èn lichte zon;
Zoo hoorde ik namen waaruit ik me spon
De wondre dingen zelf, ik was zoo blij
Toen mijn beurt eindlijk kwam. Nu heb ik bij
Duizende dingen al elks naam genoemd.
Totdat ik hier kwam en uw mooi gebloemt
En U vond. Wie zijt ge? Woont ge alleen,
Is dit uw water, groeiden daar omheen
Al deze bloemekinderen? Ik dacht
Ze hadden allemaal op mij gewacht.'
Zoo zei ze en zweeg, en 't windeke voer laag
Door 't bloemig loover van de meidoornhaag.
En toen het zweeg, sprak uit den zonneschijn
En 't was als een oud dorrepsklokje fijn,
Als 't zomermiddaguur klept voor den boer
Die vrouw: 'Mooi meisj' uw stem was als gekoer
Van een houtdoffer die uit roest'gen eik
Om 't wijfje lokt. Gij maakt de ooren rijk
Aan vleiende geluiden; ik zou wel
Zoo willen blijven luistren naar die schel,
Uw mond: die is gevuld met overvloed
Van honing, meê voor bijen, bloemezoet.

J'irais bien dans ce palais si petit
Au creux de ta poitrine, paradis
De sang et d'ombres qui y jouent, zéphyr
Qui souffle des prés et souffle à plaisir.
Mais je préfère me détourner, puis
Tandis que je raconte qui je suis
Ne pas te regarder. Vois ce nuage
Pétiller là-haut, et comme au passage
Dans l'azur le soleil s'est appuyé
Et rit à sa fenêtre. Entends baigner
Au ruisseau un jeune moineau ses plumes,
Plus loin un veau s'éclabousse d'écume
Et au fond des bois le coucou appelle.
Quelle paix partout ; la verte dentelle
Qui drape les arbres pend immobile,
Je vais conter qui je suis, sois tranquille :
Je suis née au milieu de ce pays
Où les prés s'étendent, où l'on ouït
Le chant de l'alouette dans l'azur,
Les bœufs broutent, léchant la rosée pure
Et semblent dériver tels des navires.
Quand la lune apparaît le vent aspire
Les esprits blancs, et la brume émergée
Efface alors l'étoile du berger.
C'est le pays des fossés au soleil,
Là où les champs de trèfle sont pareils
Au ciel grand ouvert, l'oiseau cherche en vain
Un arbre entre eux ; l'on entend le coin-coin
Des canards sauvages au fil de l'eau.
Là des fermières font couler des seaux
De crème des pis, les matins d'été,
L'anse cuivrée brillant à satiété,
Et puis leurs parures de tous leurs ors.
La mer est tout à côté, aucun bord
Sablonneux ne l'en sépare, encadrée
De joncs et de pâquerettes des prés,
Seul un fanal en bois surplombe l'eau.
Celle-ci valse tout autour quand tout en haut
Un feu s'allume et qu'un sombre voilier
Remonte au port en faisant sautiller
Les elfes dans l'écume de l'étrave.
Là vivait ma mère et elle fut brave
Quand elle me mit bas, quand le roseau

Ik zou wel willen naar dat klein paleis,
Dat kuiltje in uw borst zien, paradijs
Van bloed en schaduw die er speelt, zefier
Die 't weiland inblaast, zal wel blazen hier.
Maar 'k zal mij liever van U keeren, en
Terwijl ik U vertellen ga wie 'k ben,
Niet naar U zien. Zie hoe dat wolkje bruist
Daar boven ons en uitdampt, de zon huist
Al in het midden van zijn blauwe straat
En lacht achter zijn venster. Hoor, daar baadt
Een jonge mosch zijn veeren in de beek,
Daar verder plast een bont kalf in een kreek,
En achter uit het bosch roept een koekkoek.
Hoe stil is 't overal; het groen dundoek
Dat om de boomen weeft, hangt roerloos, 'k wil
Nu gaan vertellen van mij zelf, wees stil:
Ik ben in 't midden van dit land geboren.
Daar ligt een weiland wijd, daar kunt ge hooren
Den leeuwrik zingen vliegend naar het blauw,
De rundren grazen, lekkend blanken dauw
En lijken als booten op stroom te drijven.
En als de maan verrijst, jaagt witte wijven
De wind de lucht in, nevel dwaalt heel ver
Nog op het weiland, vagend d' avondster.
Daar liggen in de zon de sloten, beide,
De hooge hemel en de klaverweide
Zijn open, en een vogel zoekt vergeefs
Een boom er tusschen; daar is veel geschreeuws
Van wilde eenden, want er vaart een stroom.
Op zomermorgens zijgen daar de room
Boerinnen uit de uiers, helder blinken
De kopren hengsels, melkemmers rinkinken,
Oorijzers glimmen met hun gouden schijn.
Daar ligt de zee vlak naast, geen geele lijn
Van zand ligt daar, het weiland maakt een lijst
Vol grasbloemen en biezen, alleen rijst
Een houten vuurbaak uit het water op.
Dat walst er om heen zoodra van den top
's Nachts licht brandt en een donker zeilend schip
't Riviertje invaart, elfjes met gehip
Wit worden in het schuim om hoogen boeg.
Daar woonde moeder en had troost genoeg
Toen ze mij baarde, want de schoven riet

Se pencha et l'annonça au ruisseau,
Qui le dit à la mer et elle au lac,
Au-dessus duquel des nuages en vrac
Flottaient. Ainsi un poisson l'entendit
Et un oiseau marin ; ce jour un bruit
De plumage emplissait le bois d'iris,
Mouette et héron gris, qui rentrait lisse
Au nid dans l'arbre. Je le vis là-haut
Battre des ailes depuis mon berceau
Dans l'osier. J'en ai gardé la mémoire.
Ma mère était une ondine, et au soir
Quand la lune se pavanait je la
Voyais, haute femme, venir à moi,
Et clore mes yeux d'un geste aussi doux
Que des fleurs de saule ou des fumées floues,
Comme si la rose avait versé là
Sa boisson du matin. La nuit l'éclat
D'une cithare venait, non de la mer,
Mais qui sait, je l'ai rêvé, de mon père.
Je grandis là, vécus comme une agnelle
Qui gambade auprès de sa mère, et elle
Au soir me serrait fort, brebis laineuse,
Son cœur battait, je m'endormais heureuse,
En regardant depuis mon chaud foyer
L'horizon au loin où semblait couler
Un ruisseau sur l'ourlet du firmament,
Bleu foncé comme la nuit ; en rêvant
L'on croit voir les roseaux se balancer,
Les lucioles des étoiles brûler.
Vint l'automne, et la cigogne émigra,
L'herbe verdit pour la dernière fois,
L'air fut frais plus tôt et l'eau assombrie,
Alors nous aussi nous sommes parties
Loin dans les bois où nichaient les hérons.
Là un feu muet couronnait les troncs,
Des feuilles rousses tombaient sur le sol,
Les branches craquaient, leur résine molle,
Tandis que le vent attisait leurs flammes.
Nous vîmes ici et là une femme
Blême errant comme nous entre les troncs
Détrempés ; quand l'eau tremble des frissons
Du froid d'automne, alors la transhumance
De celles qui aiment l'été commence,

Die overbogen, zeiden het den vliet,
En die 't de zee en die 't aan 't lichte meer,
Waar op den middag het blank wolkenheir
Statig verzeilt. Zoo hoorden het een visch
En een zeevogel; dien dag was het lis-
Bosch vol geplas en wuivend wit geveert,
Meeuwen en grijze reiger, die weerkeerd'
Des avonds naar zijn boomnest. Op zijn reis
Zag ik zijn vleugelslag van uit het rijs,
Mijn wiegekamer. Nog weet ik het wel.
Mijn moeder was een stroomvrouw en wen hel
De maanschijf hing te prijk, dan zag ik hoe
Zij op mij kwam, een hooge vrouw, en toe
Mijn oogen sloot met een zacht handgestrook.
Die was zoo zacht als wilgbloesem en rook,
Alsof de rozen daar haar morgendrank
Hadden vergoten, heel den nacht was klank
Van citherspel niet van de zee, misschien
Was 't wel mijn vader, 'k heb hem nooit gezien.
Daar groeide ik en leefde als een klein lam
Dat naast de moeder huppelt, 's avonds nam
Ze mij dicht bij zich als een wollig schaap,
En hoord' ik haar lang kloppen voor mijn slaap,
Terwijl ik uit mijn warme woning keek
Naar den gezichteinder waar wel een beek
's Nachts schijnt te stroomen op den onderzoom
Des hemels, donkerblauw, als in een droom
Schijnt hoog gegroeid riet heen en weer te wiegen
Met schaarsche starren barnend als vuurvliegen.
Maar toen er herfst kwam en de ooievaar
Heenvloog, het gras voor 't laatst vers groen was, maar
De lucht vroeg koud en 't water donker werd,
Toen gingen wij ook heen waar in de vert'
De reigers nestten in de hooge bosschen.
Daar heerschte een stil vuur op stammen, rosse
Bladeren fladderden af in 't mos,
't Getakte kraakt', harsparels drongen los,
Terwijl de wind opflakkerde de vlammen.
Daar liepen wij tusschen de natte stammen,
En zagen hier en daar een witte vrouw
Al dwalen zooals wij; als van herfstkou
Het water in den stroom rilt, dan begint
De groote trek van haar die zomerwind

Migration vers le soleil. Dans la nuit
S'en vont celles qui l'été ont conduit
Les ruisseaux vers les étangs. Sur la lande
Elles s'attroupent, satyre et elfe attendent
En compagnie de leur roi Obéron.
Titania aussi, sa couronne au front,
Gouttes de rosée que la lune charme ;
Dans l'œil, reflet d'un joyau, une larme.
Et à chaque nymphe elle dit adieu,
Revenez-nous avec de nouveaux jeux
Pour dans l'eau, nous vous avons tant aimées.
Elle m'embrassa, longtemps du sentier
Je me tournai pour la voir sur sa butte,
Entourée de gnomes jouant du luth
Sombrement et du tambour tristement ;
En route avec un accompagnement
De flûtes de Pan et de tambourins,
Un satyre avait un tonneau de vin
Volé, et des nymphes des plats remplis
De raisin bleu, que la laine s'emplit
Du jus que burent leurs manteaux. Ma mère
M'appela quand les vents des bois frappèrent
Les montagnes, qu'un ravin de rochers
Laissa le vent et les feuilles passer,
La grêle faisait mal à nos corps nus.
Jusqu'au jour où nous sommes parvenus
Au palais du soleil, hôte accueillant ;
Des charpentes un tapis bleu descend,
Aux murs pousse le marbre des colonnes,
Les roses du pays qui les festonnent
S'y balancent lentement, il emplit
Sa maison d'or pendant le jour, déplie
Les vents sur les lacs bleus, zigzags altiers
Sur les monts, dans les pins et peupliers.
Mon logis était un buisson de roses,
Qui me cachait, ainsi qu'une grandiose
Urne de marbre ventrue, un sentier
De sable d'or menait à la cité.
De là des enfants bruns venaient nous voir,
Boucles d'or à l'oreille et beaux foulards
Au front, des mères aux poitrines pleines,
Un moine aux pieds nus, un mendiant en peine
D'un peu de pain et des ânes sans ruse,

En zomerzon beminnen. In den nacht
Varen ze heen, al wie dien zomer wacht
Hielden bij stroom en vijver. Op de hei
Komen ze samen, daar zijn saters bij
En d' elven met hun koning Oberoon.
Titania is ook daar en haar kroon
Van spinwebdruppen flonkert in de maan,
En in haar oog, licht in juweel, een traan.
Zij zegt daar allen nimfen een vaarwel,
En kom hier weder met nieuw waterspel,
Wij allen hebben u zoo lief gehad.
Zij kuste mij, lang zag ik op 't heipad
Nog naar haar om, zij zat er in een drom
Van gnomen, op een heuvel, die de trom
Speelden droefgeestig en de sombre luit;
Wij hadden op den weg het bont geluid
Van pansfluit en den rinkeltamboerijn,
Een sater droeg een ton geroofden wijn,
En nimfen door het woud goudschalen vol
Van blauwe trossen, dat de schapewol
Van hare vachten gemorst druifnat dronk.
Mijn moeder riep me, als het woudgeronk
De bergen door dreunde, een rotsravijn
Den wind en dor geblaarte doorliet, pijn
Deed hagel het bloot lijf, den voet steengruis.
Totdat wij waren, waar in zijn hoog huis
De zuiderzon woont als een gastvrij heer,
De zoldring laat blauwe tapijten neer,
Geplant staan marmren zuilen aan de wanden;
Rozefestoenen uit de bloemelanden
Schom'len er tusschen met een traag gezwaai,
Hij vult des daags met goud zijn huis, gewaai
Maakt hij op blauwe meeren en gezwier
Op bergen, van pijnen en populier.
Mijn woning was een geeleroze struik,
Een marmren vaas met ooren en een buik
Verschool met mij de rozelaar, een pad
Van goudzand lag daar langs henen naar stad.
Daar kwamen bruine kindren op bezoek,
In d'ooren gouden ringen, purpren doek
Om 't hoofd en jonge moeders vol van borst,
Een monnik barvoets, beedlaar met een korst
Oud brood en ezels met een rood schabrak,

De gais soldats et une cornemuse.
Couchée dans l'air chaud de ma roseraie
Je rêvai de ces gens qui m'entouraient. »
Elle dit et Mai le vit avec elle,
Comme un enfant qui dans le vent décèle
De hauts cerfs-volants. C'était un beau drame
Pour chaude journée et pour voix de femme.
Elle semblait penser à ses vieux mots
Encore quand elle en dit de nouveaux :
« Nous rentrâmes au nord quand le feuillage
Revint aux arbres ; étaient du voyage
Tous les oiseaux migrateurs, le pinson
Qui vit ici : écoute sa chanson. »
Elle parlait mais à peine écoutait,
Retira les mains de son giron, et
Se leva comme un bovin blanc du champ.
Ainsi dit-elle, ses yeux regardant
Au-delà des bois où du blanc brillait,
Le sommet d'une tour ou d'un palais :
« Pour ce que j'ai à raconter encore
Ce pré est trop plein de lumière : l'or
D'un après-midi de mai sécherait
Les larmes que tes doux yeux verseraient,
Pleurant déjà quand je parle de pleurs.
Tu vivras longtemps, peut-être en ton heure
Reverras-tu mon ruisseau, quand le pré
Est blanc de brume et que tu t'es trompé
De chemin. Cours alors le long de l'eau,
Entends-le chanter sous les blancs lambeaux,
Trouve-moi dans le brouillard ; je te rends
Pâle comme les brumes le courant. »

Alors ciel et soleil furent pâlots
Tandis qu'elle partait ; seuls les sabots
D'un cheval s'entendaient dans l'herbe molle,
Qui s'effraya, galopa, la queue folle.
Elle grimpa où s'entassaient les brunes
Feuilles mortes ; disparut dans les dunes.

Chaque chose cache une fine essence
D'autre chose. Ainsi l'homme en apparence
Est un piano, aussi mort, mais à cordes.
L'une vibre, puis l'autre, elles s'accordent

Bonte soldaten en een doedelzak.
De lucht was heet in 't roosboschje, ik zag
Droomrig die schelle menschen waar ik lag.'
Dat zei z' en Mei zag met haar als een kind,
Dat vliegers hoog ziet staande in den wind
Van bont papier. Het was juist een verhaal
Voor 'n warmen middag en voor vrouwetaal.
En 't was alsof ze aan haar oude woorden
Bleef denken toen ze nieuwe zei: 'Naar 't Noorden
Keerden wij weer toen jonge bladen kwamen
Aan d' oude boomen; met ons trokken samen
Reisvogeltjes, kanaries en de vink
Die hier ook woont: daar hoort ge zijn getink.'
Ze zei 't, maar hoorde 't zelf ter nauwernood,
Toen nam ze hare handen uit den schoot
En stond op als een blank rund uit de wei.
En zoo sprak ze, maar zag heel ver voorbij
De stille boschkruinen waarin iets wits
Blonk, 't was een landhuis of een torenspits:
'Voor wat ik u nu nog vertellen moet,
Is deze wei niet noch dit licht: de gloed
Van den meimiddag zou de tranen droogen,
Die schreien zouden uit uw milde oogen,
Die bijna schreien nu 'k van schreien spreek.
Gij leeft nog lang, misschien vindt gij mijn beek
Wel weer, wanneer een witte wintermist
Nog eens het woud hult en gij u vergist
Hebt in de paden. Loop langs 't water snel,
Gij hoort het in den mist kabblen heel wèl,
En vindt me in nevel; ik maak u zoo bleek
Als 't water is, benee den mist, der beek.'

Toen werd de lucht en 't zonlicht dof en droef,
Terwijl ze heenging; alleen werd de hoef
In 't weeke gras gehoord van een groot paard,
Dat schrikt' en ronddraafde met lossen staart.
Zij klom tusschen de stammen waar het bruin,
Dood, jarig loof lag; en verdween op 't duin.

Er ligt in elk ding schuilend fijne essence
Van and're dingen. Daardoor wordt een mensch
Als een piano, zóó dood, maar besnaard.
Nu eens rilt één snaar, dan d' âar, naar den aard

À tel son du dehors, parfois se nichent
Ensemble. En cela l'être pauvre est riche —
Les rangs d'émotions sont en lui dormants
Et se réveillent tandis que d'enfant
Il devient vieillard — Ah, beaucoup se rêvent
À mort, jusqu'à ce que la vie trop brève
Soit passée — château enchanté d'un conte,
Aux murs cachés par le lierre qui monte ;
Dedans tout est silence, sentinelles,
Pages, dames, dans un somme éternel.
Mais un prince arrive et prononce un mot,
Alors s'éveille et s'ouvre le château,
Les chambres s'étendent à la lumière
Et les gens y marchent debout et fiers.
Ainsi est notre âme, où chaque surprise
Peut éveiller une autre de l'emprise
De son sommeil, tintant comme sonnette
Dans l'antichambre, ou source guillerette
Au plus profond des bois, et nous réclame.
La musique éveille musique dans l'âme,
Qui émerge en de magiques lambeaux
De notre esprit et cherche cet appeau.

À ce récit des images fugaces
Vinrent ainsi dans la salle des glaces
De son esprit d'enfant. Et elle-même
Errait entre elles, en larmes et blême.
Ce fut un enchantement de tristesse,
Si doux ce premier manque d'allégresse,
La chaude source des larmes inondait
Son cœur ; alors le soleil disparaît,
Il y a un jeu de brouillard dans l'âme
Et les doux rayons de la lune calment
Une mer au lent ressac douloureux.
Sa peine enfla ; elle ferma les yeux,
Que cela ne se brise à la lumière
Du soleil comme un bourgeon qui se perd.
— Mais ainsi sont les enfants et les gens —
Leurs tristesses mettent bas des enfants
De douleur, puis ceux-ci meurent — ainsi
Se dissipa sa peine. On aurait dit
Fumée tournoyant dans la cheminée
Jusqu'à ce que le vent l'ait dispersée.

Van elk geluid buiten, soms, te gelijk
Heel veel. Dat maakt ook een stil arm mensch rijk
Rijen gevoelens staan bij hem in slaap,
En worden wakker terwijl hij van knaap
Oud man wordt. — Ach er stonden veel zich dood
Te droomen, tot met hem hun leven vlood,
En 't al voorbij was — 't lijkt in oude sprook
Betooverd slot, dat klimop en huislook
Verborgen; binnen is het stil, de wacht,
Pages en vrouwen zijn in slaap gebracht.
Maar als een prins komt en zijn tooverwoord
Spreekt, dan ontwaakt en wijkt wijduit de poort,
Dan liggen kamers open in zonlicht,
En wandlen daar die menschen opgericht
Zoo is een menscheziel, waar elk ding kan
Elk ding oproepen uit den doen ban
Des slaaps, laat het maar luiden als een schel
In zijn voorzaal, of bij de waterwel
Heel ver verschallen uit zijn diepe bosch.
Muziek lokt van een ziel muziek weer los,
Die treedt in wondere gedaanten uit
De zielepoort, zoekend dat lokgeluid.

Zoo traden bij dit kind terwijl 't verhaal
Verluidde, beelden in de spiegelzaal
Van hare ziel. En onder hen geleek
Zij zelf te loopen schreiend en sneeuwbleek.
Dat werd betoovering van droefenis,
Zij voelde voor het eerst dat zoet gemis
Van vreugde, en de warme tranenbron
't Hart overstroomen; dan verdwijnt de zon
En is er spel van nevel in de ziel,
En zacht maanlicht en traag rijdend gewiel
Van lichte golven in een zee van wee.
Zij voeld' het leed zacht opzwellen en dee
De oogen dicht, dat het niet breken zou
Voor 't zonlicht als een bloemknop voor den dauw.
Maar zoo als kindren en ook menschen zijn
Hun droefheid is als 't kind dat moeder pijn
Doet als ze 't baart, en dat toch sterft — zoo ook
Ebde haar leed weer heen. Het leek de rook
Die van de schouw trekt en ook beelden maakt,
Tot waar de wind hun teere hulsels slaakt.

Et Zéphyr se trouvait dans les buissons
Qu'elle approchait, il poussait le basson
De sa voix, mais cessa quand il la vit
Et tendit la main, et en riant dit :
« Ne reste pas là, ma voix est trop rude
Pour des oreilles de nacre si prudes.
Je chanterai aussitôt que ma gorge
Sera dégelée, pour l'instant je forge
Ces cloches fleuries. » Tandis qu'il parlait
Il secoua un arbrisseau, et Mai
Fut couverte d'une pluie de genêts.
Lui saisit de légers coquelicots
Se balançant depuis peu dans des flots
De trèfle, rouge et jaune en fleurs mêlées
Qu'il lui offrit avec des graminées.
— « Je n'ai guère de temps pour les guirlandes,
Je dois chanter. » Alors la bouche grande
Il chanta — Mai rit à gorge déployée.
Il fut fâché. Elle s'en est allée.

C'était l'après-midi. Des bois sortait
Le doux souffle d'or du soleil, chantaient
À tue-tête les oiseaux chanteurs sous
Les frondaisons ; d'un pont elle vit tout
Voler à toute aile au-dessus des ondes :
Les geais bleus le long des berges fécondes
Où la glace clapotait et la mousse
Se formait en stalactites, sans frousse
Les pies noir-blanc se disputaient le jour,
D'un chêne des pics voletaient, et pour
Menu fretin : rouge-gorge et mésange
Et merle, que toujours sa voix démange,
Et un pluvier. Tout fut silence quand
Elle avança, deux paires d'yeux perçants
L'épiaient des branches où se balançaient
Deux pigeons, un brin de paille tombait.
Statuette blanche elle prit la basse
Allée, là où jamais la nuit ne passe.
Au matin une vapeur fraîche y rampe
Sur la rosée, après midi la lampe
Du jour brumeux y brûle. Et où l'allée
Heurtait les champs mollement étalés
Au flanc d'une colline, elle s'assit.

En Zefirus zat nog in 't struikgewas,
Daar liep ze heen, hij oefende zijn bas-
Stem, maar hield in toen hij haar zag,
En stak een hand uit, en zei met een lach:
'Blijf nu niet hier, mijn stem is nog te ruw
Voor ooren van dat parelmoer. Voor u
Wil ik een lied maken zoodra mijn keel
Geheel ontdooid is, nu zal ik dit geel
Bloemklokkenspel doen spelen.' Zoo zei hij
En schudd' een boompje, toen vielen op Mei
De gouden regens. Zelf nam hij er bij,
Zacht bij den groenen steel, lichte papaver;
Die woei daar nog niet lang tusschen de klaver.
Dat werd een mooi tuiltje van geel en rood,
Hij schikte er pluimgrassen bij en bood
Het aan — 'Voor kransen heb ik nu geen tijd,
Ik moet nu zingen.' En hij gaapte wijd
En zong — en zij bleef luidkeels lachend staan.
Toen keek hij boos. Toen is ze heengegaan.

't Was na den middag. Van het woud ging uit
Een zachte adem dampend zongoud, luid
Zongen de zangvogels en vlogen onder
De boomkruinen; zij zag het van een vonder
Hoe ze heenwiekten over 't beekkristal:
De blauwe gaaien op den groenen wal,
Waartegen 't beekijs plaste en het schuim
Als kleurig druipsteen bleef, in wilde luim
Witzwarte eksters die den dag uitvechten,
En van een eik afzwierend de goudspechten,
En 't kleiner boomvolk: roodborst en de mees
En geele lijster en wie nimmer heesch
Wordt, regenroeper. Alles zat heel stil
Zoodra ze voorttrad, oogen keken schril
Van takken waar twee duiven in hun tooi
Op schommelden, er daalde een sprietje hooi.
Zij was als een wit beeldje toen ze ging
Een lage laan in, waar de schemering
Nooit optrekt. 's Morgens smelt er koele damp
Uit dauw, en 's middags brandt de geele lamp
Van 't licht er nevelig. En waar de laan
Stuitte op akkers die in breede baan
Lui lagen langs een helling, zat ze neer.

Entre les nuages était serti
Le ciel, comme un lac entre les rochers.
L'arc de l'horizon était ébréché
De leurs monts. Un feu plus doux, plus épars
Que les rougeurs dans les Alpes au soir
Brûlait sur ces montagnes de nuages.
Tout près d'elle un oiseau dans les branchages
D'un bouleau resta muet un instant ;
Quand il siffla elle put voir comment
Il haletait. Dans l'air il siffla fort ;
Du bois s'élevait une brume d'or.

Alors elle vit, c'était à cinq heures,
Les pieds plantés en terre, un laboureur
Fourbu s'appuyant sur sa bêche en fer.
Il suivait des yeux l'attelage agraire
Qu'un autre menait le long du sillon,
Avant de tourner le soc tout au fond ;
Du champ s'envola un vol d'oiseaux noirs.
Il s'essuya le front avec son mouchoir,
Marmonna un peu, travailla encore ;
Sur ses habits tombaient des flocons d'or.

Un bruit approcha de loin dans les bois ;
Il trottait dans l'air des roues et des voix.
Là sur la route au gravier tout nouveau
Un bûcheron retournait au hameau ;
Mais derrière le bruit venaient d'abord
Des enfants aux robes d'un rouge fort.
Elles portaient entre elles des guirlandes.
Et vêtues de blanc des filles plus grandes,
Main dans la main sur l'herbe entre les pins.
Là derrière des chars sur le chemin,
Dont les roues filaient la poussière dorée.
Voici la noce ; comme une poupée
En dentelles la mariée demeure
Au-dessus des tourbillons et des fleurs.
Les chevaux vont au trot, que les clochettes
Tintent, le laboureur de sa casquette
Salue les noceurs ; puis l'éclat des voix
S'élève sur la route en cris de joie.
Et quand ils sortent de cette verdure
Le soleil brille sur les fioritures

De hemel was in wolken als een meer
Gevat in rotsen. Die zwollen omhoog
Heel ver in 't Oosten waar de ronde boog
Ligt van den horizon. Een doffer vuur,
Als 't rood op Alpen in het avonduur,
Gloeid op die sneeuwbergen. Bewegingloos
Zat zij, er zat een vogeltje een poos
Dicht voor haar op een berketak te zwijgen,
Begon op eens te zingen dat ze 't hijgen
Kon zien. Dat orgeld' in de lucht heel luid;
Om 't vogeltje trok gouddamp het bosch uit.

En 't was vijf uur, en een zwaar akkerman
Zag zij in 't zwart staan in den grond, moe van
Zijn dagwerk, leunend op zijn ijz'ren spa.
Hij zag nadenkend een span paarden na
Die 'n ander door de voor dreef, en juist om
Aan 't eind het logge kouter wendde; 'n drom
Van zwarte akkervogels vloog daar op.
Hij vaagde met een roode doek een drop
Van zweet af, mompelde, en werkte weer;
Goudvlokken sneeuwden op zijn werkpak neer.

En heel ver uit het bosch kwam fijn gerucht,
Wielen en stemmen, tripp'lend op de lucht.
Daar was een weg belegd met versch geel grint,
Waarlangs een houthakker zijn dorpje vindt;
Maar achter het geluid kwamen gegaan
Eerst kind'ren met helroode jurkjes aan.
Die droegen tusschen zich bloemeguirlanden.
En groot're meisjes in het wit, de handen
Gestrengeld, op het gras onder de sparren.
Daarachter op den weg de boerekarren,
Die geel stof sponnen van hun raders op.
Het was een bruiloft; zooals een speelpop,
Met kanten en juweel mooi zat de bruid
Hoog boven 't stuiven en de bloemen uit.
De paarden gingen stapvoets dat tuigschellen
Rinkelden, d' akkerman stond ze te tellen
En zwaaide met zijn pet: toen klom 't gepraat
Tot een hoog juichen op die geele straat.
En toen ze traden uit het groene woud,
Begon de zon in het gewrongen hout

Taillées dans le char, en mille reflets,
Et sur les moyeux aux cuivres coquets.
Ainsi le cortège passe et se glisse,
Le bruit diminue, les gens rapetissent,
Seul les tons des bouquets, le blanc des filles
Restent en vue, les mors des chevaux brillent.

Sur la pente s'étend un champ carré
Rempli de fleurs, cuvette redressée
À la lumière. Ils y dressent ensemble
La table, prête pour la fête il semble,
Mais les hôtes ne sont pas là ; de vin
Déjà remplies les coupes aux pieds fins,
Ciselés ; tulipes rouges et jaunes.
Tout autour jacinthes à tige en cône
Et fleurs sombres à grappes bleu marine.
Des taillis les entourent, mousses fines.
Et là, comme du corail sous la mer,
Des feuilles encore aux branches adhèrent,
Mortes, dans le soleil elles rougissent,
Mais par les fleurs leurs couleurs s'évanouissent.

Dans ce val un village où la fumée
Fine foisonnait autour des cheminées ;
Ça aussi Mai le vit. Les tuiles vernies
Luisaient au soleil, de la rue un bruit
Sourd s'entendait, venant des noirs fourneaux,
Le fer tintait sous les coups des marteaux
Martelant en cadence des étincelles.
Dans la rue vide elle vit deux péronnelles
Bavardant à leur porte et un chien noir
Qui errait. Sous un tilleul un vieillard
Regardait le soleil couchant, derrière
Sa maison sa femme sarclait la terre.
L'école ouvrit ses portes, à la grille
Une troupe d'enfants, d'abord les filles
Vêtues de leurs tabliers à carreaux,
Puis cris de garçons, fracas de sabots,
Deux se battaient, les autres regardèrent ;
Puis le maître est venu, alors par paires
La main dans la main ils sont tous partis.
Mai les vit s'égrener dans le pays,
Dans les champs, sur les ponts, le long des haies

Van karresnijwerk stil te glanzen en
In kop'ren bussen op de raderen.
Zoo schoof de stoet voorbij in dichte trein,
't Geraas verflauwde, menschen werden klein,
Alleen bloemkleuren glansden zichtbaar, 't wit
Der meisjes, en van paarden 't staal gebit.

En midden op de glooiing lag in 't licht
Een vierkant veld met bloemen, opgericht,
Van bekervorm. Ze maakten met elkaar
Een tafel, klaar voor 't drinkgelag, en waar
De gasten nog niet aanzitten. Vol wijn
Staan al de kelken, dungesteeld en fijn
Geslepen. Tulpen waren 't rood en geel.
Rondom de hyacinthen forsch van steel,
De sombre bloemen donkerblauw getrost.
Hakhout op zode' omsloot ze, zwaar bemost.
Daar hingen zooals onder zee in 't bosch,
Koraalboomen, nog doode bladen los,
Verbruind. Daarin scheen nog de zon vuurrood,
Maar in 't gebloemte ging de kleur al dood.

Ook lag een dorpje in dat dal, waar rook
Fijn wemelde om heen van schouwen; ook
Dat zag ze. Glans maakte de zon in blauwe
En roode pannen, uit de straat was 't flauwe
Gerucht hoorbaar der zwarte smederij,
Het ijzer klonk onder de hamers, zij
Hamerden in cadans de spranken vuur.
De straat was leeg, ze zag aan deur twee buur-
Vrouwtjes staan spreken en een zwarten hond
Rondloopen. Onder groene linde stond
Een oud man in de westerzon te zien,
En achter 'n huis 'n vrouw onkruid te wiên.
Toen ging een schooldeur open en daaruit
Kwamen een stoet van kinderen, geruit
Droegen de meisjes boezelaars, geklos
Van klompen en jongensgeschreeuw brak los.
Twee vochten er, de rest stond er om heen;
Tot meester kwam, toen gingen ze bij tweên
En drieën huiswaarts, broertjes hand in hand.
Zij zag ze hier en daar over het land
En brugjes gaan en langs een lage heg,

Et dans les rues où ils disparaissaient
D'un coup dans les maisons, les toits leur abri.
Puis tout fut silence, à part le cliquetis
Du fer, et dans l'étable un meuglement.
Dans la grand-rue elle put voir comment
Flottait au vent un buisson de lilas,
Une paire de pigeons s'envola
En claquant de l'aile à grands coups pressés
Et tournoya dans le ciel escarpé.

Quand elle eut vu tout cela, qu'une cloche
Tonna, que l'air trembla de proche en proche,
Alors Mai aussi partit par les prés
Où l'herbe au loin s'étalait, saupoudrée
De brillants mouillés. Barbu de rayons
Le soleil caressait la création
Et l'admirait d'un œil humide. Une ville
S'étalait rouge et blanche, bien tranquille
Au soleil, qui emplissait de lumière
La porte en granit et les rues de verre.
Là, n'ai-je pas moi-même dans le vent
Du soir , sentant le foin, vu cette enfant
Au-devant de la porte, sous les hêtres ?
Je doute... se glissa-t-elle peut-être
Sous mes yeux entre mes songes, si belle
Ombre de rêves. Non, c'était bien elle.
Ne t'ai-je pas baisée, ma douce Mai,
Où le ruisseau longe la route auprès
Des saules bleus. Oh oui, c'était bien toi,
Ta joue aussi douce qu'un dos de chat,
Bouche m'embrassant comme un coquillage ;
Mon sang la mer, tu étais le tangage
D'un bateau qui dansait sur ma poitrine.
Je t'ai scrutée, tu semblais sibylline,
Ce qui émanait de toi je l'ai lu,
Vapeur chaude. Quelle lampe tu fus
Entre mes mains, moi pour toi une abeille
Butinant ton miel, Ô Mai sans pareille.

Parfois le soir quand j'essaie de dormir,
Je sens à nouveau près de moi frémir
Ta douce haleine et tes cheveux fluides.
Tes yeux muets sont deux flammes limpides

En door de dorpstraat, waar ze plotsling weg
Doken in huis, geborgen onder 't dak.
Toen was 't weer stil behalve het klikklak
Van staal en uit een stal dof koegeloei.
Ze kon ook zien hoe in de dorpstraat woei
Tusschen de huize' een boschje van seringen,
Een duivenpaar vertrok op witte zwingen
Het zwerk met vlerkgeklepper in, en zwom
In kringen voor den steilen hemel om.

En toen ze 't al gezien had en de klok
Bomde, de lucht beefd' uren ver, vertrok
Zij ook en liep door weien een lang end,
Waar 't gras vol lag gestrooid van schitterend,
Nat diamantgruis. Met gestraalden baard
Raakte de zon de donkerflonkende aard
En lonkte stil oogglanzend. En een stad
Van roode en witte steenen lag daar, zat
Van zonlicht, dat kwam door granieten poort
De glazen straten binne' en vulde boord
Ze vol. Stond ik niet zelf in avondwind
Vol hooigeur, daar, en zag ik niet dat kind
Buiten de poort onder de beukeboomen?
Ik twijfel... ging ze soms tusschen mijn droomen
Mijn oog voorbij met scheemrend droomespel,
Een slaapschaduw. Neen neen zij was het wel.
Kust' ik u niet vaak vaak, mijn zoete Mei,
Waar 't water aan den weg voorbij stroomt, bij
De blauwe wilgen. O gij waart het wel,
Uw wangen waren zacht als poezevel
En als een schelp sloot uwe mond de mijne;
Mijn bloed de zee daarbij, gij waart mijn kleine
Scheepje dat danste op mijn borst die 't droeg.
Gij leekt zoo vol geheimen en ik vroeg
Ze u en las z' en voelde ze in damp
Van warmte uit u wellen. Welk een lamp
Waart gij mijn handen, ik bij u de bij,
Uw zoete honing purend, zoete Mei.

Soms is het als ik 's avonds laat vermoeid
Tracht in te slapen, dat dicht langs mij vloeit
Uw zachte adem en uw stroomend haar.
Uw oogen zijn twee stille vlammen waar

Dans le coussin où je suis à attendre ;
Quand je pars en rêve elles brûlent tendres.
Comme quand enfant autour de tes pieds
Les fleurs embaumaient, des brouillards légers
Défilaient sur ma tête, que la lune
Fleurissait, Phébus couché sous les dunes.
J'étais près de toi comme d'une source
D'eau vive, où l'on voit en rouge la course
Des elfes sur le sol de sable jaune
Et où des globules de cristaux trônent.
Tu parlais, m'offrant un trésor de mille
Secrets que moi j'emportais dans la ville.
Tu restais dans mes bras, belle enfant chaude,
Dans ta blondeur l'odeur des joues rougeaudes.
Tu m'offrais tes lèvres, rondes cerises,
De ta bouche j'ai mangé mille bises.
Tu as fui mes bras mais je t'ai saisie
Par la main et menée par mon pays.

Ce n'était pas loin mais cela semblait grand,
C'était le soir et du val où des gens
Vivaient venaient des chansons, bien des heures
Nous les avons écoutés, leur labeur
Était fait, eux contents — il vint aussi
Un oiseau noir dans le ciel, qui fondit
Très vite devant le soleil couchant.
Des taillis une source doucement
Parlait en soi, une enfant, mais se tut
Quand elle vit que nous l'écoutions, perdu
Pourtant un rire ridait toujours l'eau.
Nous vîmes aussi un nid où yeux clos
La poule et le coq nichaient plume à plume
— Mais en grande hâte nous nous en fûmes.

Puis nous arrivâmes où, fleurissant,
L'aubépine emplissait la nuit sans vent,
Où son odeur ferme et franche entourait
Chaque branche. Une obscurité cachait
Ton doux visage et nous avons atteint
Un val, en silence, main dans la main.
Tout ici était merveille, il m'a pris
L'envie d'y errer pour toujours ou d'y
Sonner d'un carillon d'argent, sans fin.

Mijn hoofd ligt op mijn peluw; terwijl ik
Indroom, blijven ze branden liefelijk.
Als toen ge kind waart en om uwen voet
Bloemgeuren walmden en dat licht gebroed
Der wolken m' over 't hoofd voer als de maan
Ontluikte, Phoebus' bloem te rust gegaan.
Ik zat bij u als bij een kleine wel
Van levend water, waar 't rood elvenspel
Te zien is op den geelen zandgrond en
't Omhoog komen van bobbels kristallen.
Gij spraakt heel stil en veel en gaaft m' een schat
Geheimen dien ik bergde bij me in stad.
Gij laagt op mijne armen, mooi warm wicht,
In 't blonde haar 't rood welriekend gezicht.
Gij maakte uw lippen als een kersje rond,
Ik at zoovele kussen van uw mond.
Gij vluchttet uit mijn arm maar 'k greep uw hand,
En nam u mede door mijn eigen land.

Het was niet heel ver maar het leek toch lang,
Want het was avond en er kwam gezang
Diep uit een dal waar menschen woonden, vaak
Stonden we stil en luisterden, hun taak
Was af, zij blijde — er kwam ook wel
Een zwarte vogel door de lucht, heel snel
Verschietend boven de gezonken zon.
En onder 't kreupelhout praatte een bron
Stil voor zich heen, een kind, en toen hij zag
Ons luist'ren, werd hij heel stil, maar een lach
Ritselde nog van verd're wateren.
Ook zagen we een nestje, waar de hen
Lag naast het haantje, de oogen toe en veer
In veer — maar verder haastten we ons weêr.

Totdat we kwamen waar de roode bloei
Van een meidoorn de nacht vervuld'. Er woei
Geen wolkje en de geur hing vol en dicht
Om alle takken. Hier verschool 't gezicht
U duisternis en klommen wij door 't zand
In een diep dal, stilzwijgend, hand aan hand.
En hier was alles wonder, 'k wilde wel
Hier eeuwen zwerven of een zilv'ren bel
Hiervan altijd doen luiden in dit land.

Étendue à mon côté, de ma main
Mai mangeait comme du pain des baisers,
Puis comme une mère sur moi penchée,
Sans me quitter des yeux elle parla :
« Les baisers pleuvent de ma bouche et toi,
Garçon assoiffé, demandes toujours
Plus des gouttes à ce nuage. Cours
Dans ta ville à présent » — le cœur battant
J'attendis, sa douce joue reposant
Contre la mienne — elle dit : « Chaque allée
M'invite, laisse-moi d'ici aller
Chercher tout ce qui embaume et qui brille ;
Entends le rossignol chanter ses trilles
Où les fleurs foisonnent, leurs pleins calices
Des plats de fête dans l'herbe, et pâlissent
Les coupes de mousse jaune et sucrée. »
Semblant déjà les boire elle a lâché
Mes doigts. Je suis resté longtemps à voir
Comment dans les taillis elle allait boire
Maint calice de rose ou de pensée sombre
Qui rouge ou bleue avait poussé dans l'ombre.

Alors elle découvrit au sommet
D'une aire de collines qui formaient
Un cercle de remparts comme un bastion
Autour d'une lande, une dépression
Remplie de bruyère, sans fleurs encore.
Elle en évinça une abeille fort
Affamée, puis s'y assit, se cacha
Des feux du soir qui brillaient sous ses bras.
Et c'est là qu'assise sous ce couvert,
Elle suivit de ses yeux grands ouverts
Le va et vient de quelques pousses tendres
D'herbe, qui du bord n'osaient se défendre
Quand la faible brise du soir passait
D'un vol invisible et les agitait,
Et s'en étonnait elle-même un peu.
Elle admira comment la vitre bleue
Du firmament s'embuait de ténèbres,
Il ne restait qu'un souvenir funèbre
De la rougeur dans l'ourlet boursouflé
D'un nuage rouge — il avait été
Crème le jour, à présent comme un lit

Ik lag daar neêr, zij naast mij. Uit mijn hand
At ze als brood de kussen en ze boog
Zich over me als een moeder en bewoog
Haar oogen niet weer heen terwijl ze zei:
'Mijn mondje regent kussen en jij, jij,
Dorstige jongen, vraagt maar altijd meer
En nog meer druppen uit dit wolkje. Keer
Nu naar uw stad' — ik zat en wachtte lang,
Mijn hart bonsde, ik had haar zachte wang
Tegen de mijne — tot ze fluisterd': 'Elke laan
Ligt noodend open, laat mij hier nu gaan
En zoeken wat daar geurt en wat daar blinkt;
Hoor hoe de nachtegaal in 't boschje zingt,
Waar al de bloemen staan, de volle kelken,
Een feestdisch in het gras, en over elken
Roemer verschuimt de geele zoete wijn.'
Zij leek dien al te drinken toen ze mijn
Vingers liet varen. 'k Stond een lange poos
Te zien hoe ze in 't boschje meen'ge roos-
Kelk en violen leêg dronk, die daar blauw
En rood gegroeid stonden in 't schemergrauw.

Toen vond ze, 't was op 't hoogste van een kling
Van onbegroeide heiheuvels, die 'n ring
Van wallen en verschansing maakten om
Het heikamp, een ondiepe kuil, een kom
Vol donk're erika, nog onbebloemd.
Ze joeg een bij op die er hong'rig zoemd'
Om honing, stapt' er in, verdwijnend voor
Het roode hemelvuur dat onder door
Haar armen gloeide. En daar zat ze neer
Met wijde oogen naar de heen en weer
Schomm'lende spruiten van het gras te zien,
Die op den rand geen weerstand dorsten biên
Aan 't luwe avondluchtje dat langs vloog
Op transparante vlerkjes en bewoog
De grasjes en zelfs zelf verwonderd was.
Zij zag hoe heel langzaam het blauwe glas
Van 't uitspansel besloeg met duisternis,
En van het rood alleen de heugenis
Bleef leven aan den opgeblazen zoom
Van een rood wolkje — overdag was 't room
Geweest, nu leek het een violenbed,

De violettes marbré de jolies
Lueurs mauves dans un champ solitaire.
Plus bas s'enracinaient en basse terre
Tremble et bouleau, dont le chuchotement
Tremblait sur la pente. En eux maintenant
Se logeait la frayeur du crépuscule,
De tout vent capté dans leurs follicules.
Oh il bruissait bien des bruits à cette heure,
En bas des nains courbés recherchaient leurs
Vieux livres et les sortaient de la terre.
Ce sont eux qui la nuit cherchent les pierres
Où jadis les druides gravaient leurs
Adjurations contre les maux de cœur
Des jeunes héros. L'on entend toujours
Leurs coups de pioche. Quand à l'ouest le jour
Fut bien mort de jeunes elfes sortirent
De leurs maisons sous terre, où ils transpirent
Le jour à creuser des couloirs de mine,
Et leurs lumignons dans l'herbe illuminent
Des salles d'émeraude. Et un lutin
Est assis là avec des parchemins,
Dans une robe jaune, et étudie
Ce qui guérit la goutte, et ce qui régit
Le pouls et le cœur. Tout autour lutinent,
Rient et dansent des elfes féminines,
Leurs habits claquant tels des étendards.
Tout s'agitait en ce lieu en ce soir.

Mais des clameurs faisaient bouger au loin
La robe en soie du ciel. D'un siècle ancien
À l'horizon les Walkyries se mouvaient.
Elles portaient des enfants : Mai pouvait
Entendre leur chevauchée, le bruit de grêle
Des traînes dans la maison paternelle.

Puis la lune vint comme un amiral,
Debout à la proue, vêtue de métal,
D'un bouclier d'or, parcourant l'éther.
Blanches se gonflaient ses voiles, la mer
Se dissolvait en écume égouttée.
La flotte étoilée s'écarta de côté
Et libéra la voie — comme un héraut
Un nuage volait en avant, portant beau

Heel alleen liggend maar doortrokken met
Een heerlijk paars licht, in verlaten gaard.
Beneden wortelden in lager aard
Bleeke abeel en berken, wier gefluister
Trild' op de helling. In die boomen huist' er
Een wonderlijke schrik voor schemering'
En voor elk windje dat hun loover ving.
O er was veel te hooren op dien stond,
Benee stapten kromme kabouters rond
En haalden uit den grond hun oude boeken.
Zij zijn het die des nachts de steenen zoeken
Waar eens druïden spreuk en medicijn
In griffelden tegen de hartepijn
Van jonge helden. Ook nu was de slag
Van 't houweel hoorbaar. Toen in 't west de dag
Geheel dood was, traden de jonge elven
Hun ondergrondsche huizen uit, daar delven
Des daags ze gangen en een donk're mijn.
Mijngraverslampen zetten ze, wier schijn
In 't gras smaragden zalen maakt. Daar zit
Met perkamenten schrift en in geelwit
Gewaad, een elf den nacht uit en studeert
Geneeskunst, wat de jicht heelt, wat regeert
De pols en 't hart. Langs hem gaan met gelach
De elvenmeisjes dansend, dat een vlag
Hun wapperend gewaad lijkt. 't Wuifde zacht
Bij 't schuiflen om den heuvel in dien nacht.

Maar in de vert' bewoog een flauw geschreeuw
Het zijden luchtgewaad. Uit oude eeuw
Reden er heksen om den horizon.
Ze dragen kleine kinderen: Mei kon
Het martlen hooren en het sneeuwgeruisch
Van sleepgewaden bij haars vaders huis.

Daar kwam de maan en als een admiraal
Voer ze den hemel in, die, zelf in 't staal,
Voor op de plecht staat achter 't gouden schild.
Wit zwellen zeilen op het blauw, het zilt
Ziedt en verteert in sprenkels fijn zeeschuim.
De vloot van sterren week weerzijds en ruim
Lag daar de heerweg — als wapenheraut
Stoof 't wolkje voort, het droeg de kleuren goud

L'or et blanc de sa maîtresse, et le cor
Qu'il embouchait semblait brun et rouge-or.

Qui peut souffrir l'éclat de ce soleil
Nu, chauffé à blanc ? Mai, dans son sommeil,
Ne le pouvait pas. Et toute la nuit
La lune la vit et dorée lui rit.

Dans l'ombre tremblante de la forêt
Douze tout petits chevaliers touchaient
L'or que la lune émiette dans les branches,
D'abord en cordes, le vent y épanche
Sa plainte en les pinçant d'un doigt ému.
Elles descendent en rayons tendus
Entre les arbres, fragments d'or filé
Que touchaient douze petits chevaliers.

Ils portaient des manteaux blancs, blancs tricots,
Bérets emplumés, ils montaient au trot,
La lune sur leurs armes en reflets,
Et se rangèrent en cercle au sommet.

Là se tiennent les douze heures nocturnes,
Qui contemplent la fille de la lune
Tels des enfants dans leur ronde enfantine.
À tour de rôle quittant la rondine
L'un d'eux laisse les autres pour aller
À grands pas dans les bois et par les prés,
Grimpe l'escalier d'une tour très vieille
Et sonne son heure, ses amis veillent
Et voient son manteau au-dessus du bois
Qui brille ivoire sous la lune d'or froid.

Ainsi douze chevaliers dans le noir
Autour de Mai ont formé un rempart,
Et sous la lune immobile ils restèrent
Sans bouger, leurs épées plantées en terre.

En wit van zijn meestres, en een bazuin
Leek hij te blazen van roodgoud en bruin.

Wie kan den glans verdragen van die zon,
Wanneer zij naakt, witgloeiend staat? Mei kon
Het niet en droomde in. De maan bezag
Den ganschen nacht haar met een gouden lach.

En in de trillende scheem'ring van het woud
Raakten twaalf kleine ridders telkens 't goud
Dat van de maan door zwarte takken brokkelt,
Eerst zijn het lange snaren, de wind tokkelt
Ze klagelijk, diep in den zomernacht.
Ze dalen zich strekkend op donkre dracht
Van 't woud en breken in goudsplinters fijn,
Die raakten nu in 't woud twaalf ridders klein.

Die droegen witte mantels, wit tricot,
Baretten wit gestruisveerd, stapten zoo,
De maan glom in wapens, den heuvel op,
En schaarden in een kring zich op den top.

Dat zijn de twaalf nachturen die daar staan,
Ze zien zoo teer naar 't kind der ronde maan,
Als 't spel van kindren staan z' in kleinen kring.
Om beurten gaat er een en breekt den ring
En laat de andren wakend achter, hij
Treedt snel het woud en wijde wei voorbij
En klimt de trappen op in ouden toren,
En luidt en slaat zijn uur, zijn makkers hooren,
En zien zijn witten mantel boven 't woud,
Die glanst er als ivoor in 't gul maangoud.

Zoo stonden twaalf ridders dien gulden nacht
En hielden trouw om kleine Mei de wacht.
De maan scheen onbeweeg'lijk, in het rond
Stonden zij stil, hun degens in den grond.

CHANT DEUXIÈME

Au milieu des champs se dresse une tour
De colonnes que j'érigeai ; autour
Des peupliers et des cyprès s'y pressent.
Le lis y pousse, à chaque fût des tresses
De roses pendent jusqu'en bas, un rang
D'enfants assis côte à côte en chantant,
Joues rouges sur le seuil à pleine voix ;
J'ai installé un orgue à la paroi
Et dedans une statue de fillette.
J'étais le seul prêtre de toute cette
Opulence et j'y vivais seul, hors pair.
L'abandon entourait le sanctuaire.
La nuit je veillais dans l'ombre bleutée
Du temple qui baignait dans la rosée,
La lune passait le sourcil du ciel,
Cette musique alors jaillissait-elle
D'entre les piliers, oiseaux, papillons,
Ailes musicales d'agitation ?
Ou est-ce Mai sur ses pieds de velours
Qui marche parmi les pensées autour
Du temple, entre les rangs de violettes,
Les fleurs qui dodelinent de la tête ?
Ou est-ce que l'air même résonnait
De vent et de fleurs et des pas de Mai
En train de jouer tout autour du temple.
L'air n'émet-il pas ce son par l'exemple
Des oiseaux, et le vent de doux accords
Des branches d'arbre et ainsi bruit le bord
De sa robe dans les champs au matin
—La musique sourd de l'air plein d'entrain.

Mais comment ai-je pu partir de là
Où mon âme s'étourdit, où l'éclat

II

Nu staat er midden in het land een dom
Van zuilen die ik stapeld' en rondom
Buigen zich popels en de treurcypres.
Het groeit vol leliën, er hangt een tres
Van rozen af aan elke schacht, een rij
Van kinderen zit en zingt zij aan zij,
Roodwangig op de treê met open kelen;
Een orgel hing ik aan den wand te spelen
En binnen zette ik een meisjesbeeld.
Ik was de een'ge priester, al die weeld'
Had ik, ik woonde er, met mij niemand.
Heel eenzaam was om 't heiligdom het land.
's Nachts waakte ik in de blauwe tempelschauw
Heel vaak, de tempel waadde in zee van dauw,
De maan bevloog den blauwen hemelbrauw,
Dan gudste er tusschen kolommen dauw
Muziek, zijn 't vogels, zijn het vlinderen,
Klapwiekend muzikale vleugelen?
Of zijn 't fluweele voetjes van mijn Mei,
Die om den tempel treedt dat daar de rij
Doodengezichtjes, bloemige viool
Droomerig knikt en heel de bloemenschool?
Of was 't misschien de lucht die klanken gaf
Door wind en bloemgeschommel en den draf
Van Mei die om den tempel liep te spelen.
Maakt niet de lucht ook zoo uit vogelkelen
Geluid, en drijft uit takken van den boom
De wind niet lichte tonen en de zoom
Van 't kleed, ruischt ze niet 's morgens over 't veld
—Muziek komt uit luchtwemeling geweld.

Hoe kon ik ooit verlaten waar mijn ziel
Duizeld', het licht ver van mijn oogen viel,

De la lumière tombait loin de mes yeux,
Où mes sens s'emplissaient comme les cieux
Sur la mer de couleurs et de ballons
De musique, duvets en suspension
Plumés des ailes de la houle ? Et où
La nuit fermait la terre, le ciel fou
D'un rire d'étoiles s'ouvrait pour voir
Sans un mot le riche royaume noir
De la terre, où les fleurs en si grand nombre
Naissaient avec un soupir dans l'air sombre,
Le rossignol plaintif chantait ses gloses
Au-dessus de la fleur, à peine éclose ?

Je ne savais pas que c'était si beau.
Ainsi la mariée lors d'ébats nuptiaux,
L'homme tourne autour d'elle et la caresse,
Le bout de ses doigts sur l'or de ses tresses :
Puis il s'éloigne, ignorant, se distrait
Dans le jeu. Mais sur son seuil apparaît
Une image nue : sous le blanc rideau
Du lit se glisse un regard, un train de mots
Le fait pleurer, car rêver de ce qu'on aime
Est plus tendre que la chose elle-même.

Ainsi j'entends, tandis que je joue, sur
Les champs très loin venir un clair-obscur
De mots, et quand je dors j'entends des rêves :
Aussi viens, ma douce sœur, viens mon Eve.

Viens à présent, jeune et douce conjointe,
J'entends la faux autour de nous qui chuinte,
Sors blonde sœur du blé ensoleillé.
Car écoute, oh écoute, au loin sont nés
Des enfants aux yeux clairs, chantant en chœur,
Qui apportent l'encens, viens douce sœur.

Vois, je veux rendre un doux son de flûte à
Mon chant, donne ta main et aide-moi,
Apprends à danser avec moi tes pieds.
Voilà le temple. Pour nous saluer
Les enfants se lèvent-ils déjà ? Fleurs
Dodelinant ils embaument, en chœur
Ils disent mon nom, écoute, et le tien,

Mijn oog en oor werd als de groote hemel
Boven de zee met al haar waterwemel
Van prisma's kleur en van muziekballons
Opstijgend van de baren, en van dons
Geplukt uit golvevleugels? Waar de nacht
De aarde sloot, den hemel openlacht'
Uit sterren wit spruitend met klaar gekijk,
Maar zwijgend, naar het zwarte rijke rijk
Der aarde, waar de bloemen met een zucht
Geboren werden in de donk're lucht,
Het nachtegaalgeklaag luid uitjuikte
Boven de bloem, die pas zich uitluikte?

Ik wist niet dat dit alles was zoo mooi.
Zoo staat ook wel een meisje vol in bloei,
De bruigom loopt om haar en streelt het haar,
Zijn spitse ving'ren door haar gouden haar:
En loopt onwetend heen en zoekt in spel
Matheid en slaap. Dan treedt op zijn drempel
Een bloot beeld: onder 't witte bedgordijn
Glijden er blikken en een woordetrein
Dat's om te weenen, want de mijmering
Over een ding, is teerder dan het ding.

Zoo hoor ik ook terwijl ik speel, heel ver
Van over de velden komen als schemer
Van woorden, als ik slaap droomen rondom:
Daarom, mijn jonge zoete zuster, kom.

Kom nu mijn jonge zoete zuster, kom,
Te lang suisde de zeis al rond ons om,
Kom blonde zuster uit ons zonnig koren.
Want hoor, o hoor, daar ver weg is geboren
Zonoogig kroost, het reit al en draagt om
Muziek en wierook, zoete zuster kom.

Zie ik wil nu zoetklinkende schalmei
Hernemen, geef uw hand en sta me bij,
Leer dansen met mij heen uw roode voeten.
Daar staat de tempel. Rijzen en begroeten
Ons als die kind'ren al? Ze lijken bloemen
Zooals ze wieg'lend geuren, hoor, ze noemen
Mijn naam en d'uwe, blijf nu bij ze staan,

Reste fleur avec eux, moi j'entre enfin.

Quel silence ici. Un demi-jour luit
Bleu entre les piliers, glisse et fléchit.
Mais l'orgue va jouer et la musique
Flottera, une cascade rustique
Va retentir : ainsi sur les montagnes
D'Amérique où les troncs d'arbre font campagne
Pour pousser plus haut, le ciel bleu s'étonne
Des vagues de verdure qui foisonnent.
La rivière y flotte en un lit égal,
Reflétant rocs et arbres, l'animal
Des forêts boit son eau quand ce ruban
Se met à refléter l'aube venant.
Le courant bruit dans les roseaux qui flûtent ;
Puis casse et se plie en arrière et chute,
Culbute en précipices fracassants
Et se dresse comme un tambour battant.
Ainsi battra ce chant partout encore,
Un peuple assoiffé boira à son bord.
Mon âme vole et baigne en solitude
Dans un nuage de béatitude,
Et boit l'air bleu comme du vin au miel,
Ether mêlé de soleil éternel.
Mon corps se perd, appelle sa mariée
Qui voltige au-dessus de la marée
Des nuages, chante ivre ce couplet,
Vous l'entendez — mais elle ne le sait.

L'ombre dort sur les monts, triste basalte,
Un ruisseau de montagne bat sans halte ;
Les nuages de la nuit fuient les cieux,
Silence, sur terre n'est malheureux
Qu'une montagne, l'air est las et lourd.
D'autres montagnes veillent tout autour.
Mai est là, s'éveille juste, aire mauve
De vin sur un tissu mou, vigne fauve
À son côté, les yeux clairs et bleus rient
De mi- sommeil. Mais le soleil charrie
Déjà son char, le lierre feuillu de
Rose grimpe au ciel, les étoiles rudes,
Glacées de bleu, fondent. Dans sa conscience
Vient l'esclave le plus beau, souvenance.

Gij zelf een bloem, en laat mij binnen gaan.

Hoe stil is 't hier. Een blauwe schemer stijgt
Uit 't zuilwoud, zonlicht glijdt, het boomloof nijgt.
Maar nu zal 't orgel spelen en er zal
Eerst muziek drijven, dan een waterval
Daveren doe: zoo staat over de bergen
Amerikaansch bosch, de boomstammen tergen
Elkaar om 't hoogst, de blauwe lucht beoogt
Verbaasd de golven loof om 't jaar verhoogd,
Daar drijft in effen vlak en bed rivier,
En spiegelt rots en boomen, het boschdier
Drinkt van het drijvend nat als die stroomstraat
Begint te glimmen van den dageraad.
Ruischende gaat de stroom door 't riet dat fluit;
Dan breekt en knakt hij om en dondert uit
Boven afgronden, en hij duiklaart om
En staat als tamboers roerende de trom.
Zoo zal dit lied liggen, dwars door het land,
Een dorstig volk zal drinken aan zijn kant.
Mijn ziel vliegt uit en waadt in eenzaamheid
Door een blauw wolkenmeer van vroolijkheid,
En slurpt de blauwe lucht als zoeten wijn,
Aether gemengd met eeuw'gen zonneschijn.
Mijn lijf dwaalt zielziek om en roept zijn bruid
Die fladdert eenzaam boven wolken uit,
Dan zingt het dronken dwalend dit hooglied,
Gij allen hoort het — maar zij weet het niet.

Schaduw slaapt langs de bergen, het bazalt
Is droevig, en de bleeke bergbeek schalt;
Nachtwolken varen van den hemel heen,
Daar is het stil, op aarde weent alleen
Die ééne berg, de lucht is zwaar en moe.
Rondom staan andre bergen en zien toe.
Mei zit daar, juist ontwaakt, een paarse vlak
Van wijn op 't slappe kleed, een wingerdtak
Naast haar, de lichte blauwe oogen lachen
Als half in slaap. Maar daar spant aan zijn wagen
De zon, als bladerige klimop rijst
Rooskleur.de heemlen langs, starren, verijsd
In 't blauw, versmelten. In haar hart komt in
Der menschen mooiste slaaf, herinnering.

Combien de fois n'a-t-elle pas guetté
Le premier chant d'oiseau, quand alertées
Les feuilles tremblaient au vent du matin,
Vols d'hirondelle et d'abeilles sans fin.
Comme alors l'air s'était animé tant
Qu'elle n'entendait qu'un son. Vois, à présent
Le premier oiseau vole, l'eau s'écoule
En couleurs des rochers, la goutte coule
Le long d'une fleur, de sa queue la truite
D'argent bat un ruisseau qui tombe vite
Plus bas, oh celle-là ne dort jamais.
Pourquoi tremble à présent la main de Mai,
Rougit sa joue pâle, gonflent les plis
De sa robe que sa poitrine emplit ?
C'était hier soir, lorsque le lustre haut
Des étoiles brillait et le flambeau
Des astres plus bas flamboyait au loin.
Elle avait aussi été dans ce coin
Du bois, sombre et muet — alors très haut
S'éleva une voix comme un jet d'eau
Qui ne jaillit qu'une fois l'an, déride
Les flots dans son bassin étale et jouit de
Son propre rire ; ainsi aussi cette voix.
Elle fut triste car il lui sembla
Manquer quelque chose — comme un trésor
Pourtant était ce chant, joyaux clairs, l'or
Qu'un pauvre homme possède et cache en terre,
La nuit venue il va et le déterre,
Il pleure dessus, le baise et désire
Le broyer fin dans son poing ; à mourir
Il l'adore. Et ce fut un tintement
De monnaie, puis comme un vin scintillant
Versé pendant la nuit d'un pichet d'or
Dans un grand bassin fait de bronze. Alors
Cela cessa d'un coup et ne brilla
Que la lune. Mais longtemps Mai resta,
L'oreille buvant, les jambes en transe.
Jusqu'à ce qu'elle entende le silence
Et crie et s'apeure. Mais peu à peu
La joie revint, appelée par le vœu
D'entendre — car rêver de ce qu'on aime
N'est-il pas plus doux que la chose même ?

Hoe vaak ze nu al luistrend heeft gestaan
Naar 't eerste vogellied, wanneer de blaan
Schrikachtig opfladdren voor morgenwind,
Zwaluwgevlieg en 't bijgegons begint.
Hoe dan de lucht zoo drok werd, dat zij nauw
Meer één geluid hoorde. Zie nu hoe gauw
Die eerste vogel vliegt, het water druipt
In kleuren van de rots, de druppel sluipt
Langs een gebloemd kruid, met zijn zilverstaart
Slaat een forel de beek die met een vaart
Vervalt, o die is altijd slapeloos.
Hoe trilt haar hand nu en begiet een blos
Haar bleeke wang, de helling van haar borst
Zwelt en spant uit de wa met wijn bemorst?
't Was gistren in de avond, toen de sterren
Als lichtkronen omhoog hingen, en verre
De laagste stonden, gearmde kandelaars.
Toen zat ze hier ook en hoe donker paars
Was 't woud, hoe stom-stil — toen begon op eens
Een stem te stijgen als fontein die ééns
In 't jaar maar springt en dan zijn wachtend water
Lichtvroolijk maakt en 't eigen uitgeschater
Geniet; zoo was die stem en zij werd bang
En droef te moe, want het leek toch dat lang
Die stem iets miste — toch was ze als een schat
Van edelsteenen aan den dag, als wat
Arm man alleen bezit en het bewaart
En 's nachts er heengaat en het graaft uit d' aard'
En weent er op en kust het en begeert
Het fijn te gruizen in zijn vuist; verteert
Van liefdewellust het. Nu was 't als klonk
Er ramm'lend geld, mar dan weer of een schonk
Flonkende wijn uit gouden kan, des nachts,
In een groot bronzen koelvat. Onverwachts
Was 't uit geweest en had alleen de maan
Geschenen. Maar nog lang had ze gestaan
Met drinkende ooren en de beenen stil,
Tot ze de stilte merkte en een gil
Gaf en heel bang werd. Maar toch was allengs
Vreugde gekeerd, geroepen door den wensch
Het weêr te hooren, — troost de mijmering
Over een ding niet zóó wel als het ding?

Elle avait pris son élan et sauté
Des rochers, et d'une vigne brisé
Une canne pour elle-même ; puis
Du soir jusqu'au silence de minuit
Le bois avait craqué et le ruisseau
Brui sous ses pieds, cela semblait l'écho
D'une Ménade en bacchanale sombre
Sur les sentiers noirs des rochers. De l'ombre
La lune l'avait vue surgir ; debout
Dans sa lumière et haletant à bout
De forces elle avait imité la voix,
Mais parmi les feuilles mortes baissa
La tête, car ce n'était pas pareil.

Elle y pense encore quand le soleil
Tel un jardinier arrose la terre.
Des fleurs rouges aux distractions légères
Reflètent tous ses rayons, l'herbe en joie
Comme les cheveux d'une femme ondoie,
Le bois berce le vent comme un enfant
Qui ne s'est endormi qu'en protestant,
Les yeux clos encore il s'éveille et geint,
L'autre agite son feuillage serein.
Et des nuages rouges gesticulent
Tels des algues flottantes, péninsules
Mouvantes de l'horizon lumineux.
La terre fume en replis vaporeux
Aux lèvres ouvertes sur le désir,
Chaleurs jaunes. Se répand à loisir
Le vase des courants, Danube et Rhin
Versent ainsi l'eau et glacent le vin.
Le vent souffle au visage de la terre,
Tremblent sur les monts des forêts entières,
Porphyre et granite en poudre s'envolent,
L'écume dorée des hauts ruisseaux vole
Aussi, mais au fond de chaque vallée
Ni la fleur ni la source n'est touchée.

Ainsi le ciel s'emplit de bruit de vent,
Gorges d'oiseaux le caressent de chant
Comme des ruisseaux, les rivières sortent
De leurs trous avec de grands bonds, de sorte
Que grognent leurs poumons. Mais le soleil

Ze had een vaart genomen en was af-
Gesprongen van de rotsen en een staf
Van wingerd had ze zich gebroken; toen,
Van d' avonduren tot den stillen noen
Der nacht, had 't hout gekraakt, de beek geplast
Van hare voeten, en het leek als was 't
Bacchantische Maenade op de paân
Van het zwartdorre rotsgebergt'. De maan
Had haar uit schaduw zien opdagen, dan
Was ze gaan zitten in het licht en van
Afmatting hijgend had ze nagedaan
Die stem, maar weenend had ze in doô blaân
Het hoofd gebogen, want ze kon 't zoo niet.

Dit denkt ze en terwijl ze denkt, begiet
De zon de aard, der aarde hovenier.
En roode bloempjes met licht kleurvertier
Weerschemerden de stralen, 't held're gras
Golfde als vrouwehaar, het hooge bosch
Begon den wind te wiegen als een wicht
Dat klagend gegaan slapen, d'oogen dicht
Nog, wakker wordt en voortklaagt, ritseling
Maakte het weldra blij en bladwuiving.
En roode wolken dreven als zeewier
Heene en weer, bewegelijke schier-
Eilanden van den zon'gen horizon.
De aarde lag te dampen: een gloedbron
Wier ope lippen wellust uitwazen,
Geelige hette. Maar de stroomvazen
Vergoten rijkelijk, Donau en Rijn
Vergieten zoo water en koelen wijn.
En wind blies aan der aarde aangezicht,
De wouden op de bergen opgericht
Trilden, moe stof van porfier en graniet
Vervloog, het gouden schuim van de bergvliet
Vloog mee, maar binnen elk groene dal
Voelden hem noch de bloem noch de beekval.

Zoo werd de hemel vol van windlawaai,
En vogelkelen vol van stemgeaai
Schalden als beken mee, als beesten sprongen
Rivieren uit hun holen en hun longen
En monden gromden. Maar de zonneschijn

Emplit les yeux de Mai jusqu'aux oreilles.
Ses yeux se dilatent, une rougeur
Enflamme son cou et sa joue, rumeur
De sang rougissant qu'elle entend à peine.
La brise est messagère d'amour, pleine
De baumes et d'eaux de senteur, et elle
Hume ces encens mais ne les démêle.
Autour de sa tête un essaim de pensées
Vrombit, mais elle ne peut condenser
Une seule idée dans ce bruit d'abeilles ;
C'est comme si, tant bourdonnent ses oreilles,
Mille lèvres chuchotaient près d'elle ; comme
Leurs mots la font rougir ; telle une pomme.
On dirait que ces doux mots se dépensent
En elle, en rangées mais sans aucun sens
Ces petits bateaux louvoient sur son sang,
Par tout son corps, la chaleur emplissant
Son cœur. Et elle ne peut sentir s'ils
Viennent du dehors comme un ruisseau file
Dans un lac, ou si à source pareils
Ils jaillissent d'elle-même au soleil.
Mais devant ses yeux tout s'éclaire vif
Et tinte en sautant tel l'argent massif
D'une cloche qui carillonne, l'émeut
Jusqu'aux larmes, de brume emplit ses yeux.
Mai tomba à la renverse et sous le choc
Sa robe et ses cheveux tombèrent du roc.
Plaisir et désir et satisfaction
Jouaient et luttaient en elle en trois factions.
Ainsi resta-t-elle au milieu du monde,
Elle-même un monde en son âme profonde.

Ainsi resta-t-elle et le calme revint
En elle, un orage d'été qui prend fin ;
Un cœur de femme est un pré en été
Où des vaches broutent en rêvant, et
Cessent un instant, la tête immobile.
Ainsi ses pensées — elle voyait tranquille
Le ciel bleu — s'emplissaient de rêveries
Chaudes, rouges comme l'été les fruits.
Tout autour le silence, rayonnait
Le soleil, et le silence bourdonnait,
Une abeille filait ses ailes, fil blond,

Vulde haar oogen, die maakt ooren klein.
Haar oogen werden grooter, en een gloed
Vlamde haar hals en wang, het roode bloed
Ruischte, ze hoorde het ter nauwernoo.
De wind kwam op haar als een liefdeboo
Met zalven en reukwatergeuren, zij
Rook welk den wierook, liet hem toch voorbij.
En om haar hoofd vingen gedachten aan
Te zwermen als een bijzwerm, maar verstaan
Kon ze de een niet door den ander; zóó
Gonsden haar ooren dat het was of flauw
Veel lippen voor haar oor stonden en of
Elk woord haar blozen hoogde zoet en dof.
En 't was alsof die zoete woorden in
Haar voeren en in rij maar zonder zin
Rondgingen zooals scheepjes, op haar bloed,
Haar heele lichaam rond, in overvloed
Van hartewarmte. En ze voelde niet
Of ze van buiten kwamen als een vliet
Die uitstroomt in een meer, of of een bron
Ze uit haar zelve opspoot in de zon.
Maar voor haar oogen lichtte alles fel
En tintelde springend zooals een schel
Van zilver die geluid wordt, en het zwol
Met trane' en nevel hare oogen vol.
En ze viel achterover, van den steen
Vielen de wade en haar haren heen
Lust en verlangen en bevrediging
Speelden en streden in haar onderling.
Zoo lag ze midden op de wereld, 't was
Toch of ze in zichzelf een wereld was.

Zoo lag ze lang, en in haar keerde weer
Kalmte, zooals de zomer na onweer;
Een vrouwehart is als een zomerweide
Waar koeien grazend droomend, tusschenbeide
Grazen ze niet en staan met stillen kop.
Zoo waren haar gedachten, ze zag op
Naar 't blauwe hemelwaas, haar heele hoofd
Droomerig warm en rood als zomerooft.
Alles was rondom stil, de middagzon
Flonkerde, stilte gonsde, een bij spon
Zijn dunne vleugels, en het wit zonlicht

Sur le roc le soleil séchait ses rayons.

Même quand les nuages en hiver
Portent le deuil, bien qu'il n'y ait dans l'air
Nulle plainte où est le silence — alors,
Tandis qu'il neige ici et là, encore
Je vois un seul nuage rougissant.
En riant il s'élève dans les rangs
Des nuages en pleurs — ainsi les chaînes
Des montagnes s'élevaient de la plaine
En pentes ensoleillées, bleues et beiges.
Alors apparut au milieu des neiges
De poussière éclatante le corps pâle-
Rouge d'un jeune Dieu avec d'égales
Enjambées, sa tête avait fière allure,
Gerbes de soleil dans sa chevelure.
Autour du cou une chaîne d'or lourd,
La narine d'un cheval de labour.
Pareil au soleil mais plus rouge et doux
Que l'astre lui-même, avec l'éclat roux
De Mars une nuit d'hiver, pas si sombre,
Par sa propre lueur n'ayant pas d'ombre.
Il fredonnait, l'air s'affolait quand il
Respirait, emplissait d'un coup tranquille
Ses poumons, que sa poitrine s'enflait.
Il soufflait, la poussière s'affolait
D'étincelles, et le ciel tout entier
Attendait — en marchant il se mit à chanter :

Où le vent et l'eau bruissent sans fin
Autour de la maison d'Odin,
La mer est clarté
Et l'obscurité
Chatoie d'étoiles en grains.

Où tard dans la nuit d'ouragan,
Blanchâtres sous l'astre croissant,
Les déesses belles
Autour de l'autel
Dansent près de l'Océan.

Où le vent tempête si fort
Que le bois est fauché mort,

Droogde zijn stralen op het rotsgezicht.

Zooals de wolken na een winterdag
Treurende gaan, hoewel geen luchtgeklag
Gehoord wordt waar het ov'ral stil is — dan,
Terwijl er sneeuw valt hier en ginder, kan
Ik soms een enk'le wolk blosrood zien worden.
Lachende reist die in tusschen de horden
Huilende wolken — zoo waren de riffen
Van zonverlichte bergen die in effen
Glooiingen hoog liepen, blauwend en grijs.
Daarop verscheen midden in het sneeuwijs
Van blakend stof en rots, blank-rood lichaam
Van een jong God, zijn voeten liepen saâm
Vooruit om beurten, om zijn hoog hoofd woei
Het bossig haar met zonvonkengesproei.
Er lag om nek en hals een keten waard
Van goud, zijn neus blies adem als een paard.
Hij leek een zon maar rood en lief'lijker
Dan de zon zeld, met rood licht als de ster
Van Mars in den midwinternacht, toch gaf
Hij door zijn eigen licht geen schaduw af.
Hij liep neurieënde, de lucht werd gek
Wanneer hij ademde en met een trek
Zijn longen vulde dat zijn borst opzwol.
Dan blies hij uit en maakte zelfs stof dol
Van tinteling, de heele hemel hing
Te wachten — tot hij gaande aan te zingen ving:

Waar de wind is en eeuwig geruisch
Van het water om Wodans huis,
Waar de zee licht is
En de duisternis
Verglinstert het sterrengruis.

Waar laat in den nachtorkaan,
Wasblank in de wassende maan,
De godessenschaar
Om het brandaltaar
Reidanst bij den Oceaan.

Waar onweerende wind zoo waait
Dat het boombosch valt gemaaid,

Où le tonnerre mugit,
Mais où resurgit
La forêt qu'Odin sème encore.

Où l'Aurore habille son petit
De nimbes, il éblouit la nuit,
Et en scintillant
Et en tintements
Il fait ses premiers pas et luit.

Là j'ai vécu, moi, tant d'années,
Et rêvait auprès de moi la jeune Idonée
Avec ses pieds nus
Dans les ors ténus
D'un mince et moelleux duvet de nuées.

Qui apportait à Odin et Freya
L'or d'une coupe de vin, au repas
Sur un trône en pierre
Où royaux et fiers
Ils présidaient aux ébats ?

Qui cherchait à l'écurie le cheval
De la lune et le tirait dans la salle
Du ciel, que la paire
De cygnes légère
Volait partout avec lui en rafale ?

Qui chassait les noirs cavaliers encore,
Nuées menaçant le soleil de mort
Avec leurs grêlons
Coups de sabre longs,
Venus au galop du nord ?

Qui bâtit au soir à l'ouest le palace
De braise ardente dans un ciel de glace,
En pierres de brume
Et perles d'écume,
Où les dieux au crépuscule prenaient place ?

Qui a moulu le soleil, que le bonheur
Doré se répande en fine fleur,
Qui poussa la roue,

Waar de donderkoe loeit,
Maar omhoog weer groeit
Het pijnwoud door Wodan gezaaid.

Waar Aurora haar kindeke windt
Straalkrans die den nacht verblindt,
En met tinkeling
En met rinkeling
Het lichtend te loopen begint.

Daar woond' ik eens, wee mij, o mij,
Toen droomde de jonge Idoena bij mij
Met de voetjes bloot
In het rozerood
Van de dunne donzige wolkensprei.

Wie bracht aan Wodan en Freya de schaal,
In goud toon roo wijn, aan het godenmaal
Naar de Wodansrots,
Waar in koningstrots
Zij voorzaten in de zaal?

Wie haalde de manemerrie van stal,
En stapte met haar door de hemelhal,
Dat dat zwanepaaar
In die vogelschaar
Klapwiekend meevlogen overal?

Wie joeg de sombere ruiters voort,
Gedromde wolken, op zonnemoord,
Met hun hagelslag
Als met sabelslag,
Gereden uit het Noord?

Wie bouwd' in d'avond het Westersch paleis
Van kolenvuur glorend door wolkenijs,
Van wat wolkenpuim
En wat parels schuim,
Waar de goden in vlogen na dagereis?

Wie maalde de zon dat het gouden geluk,
Het zonnemeel viel, wie gaf den ruk
Aan het zonnerad

Que la mer s'ébroue
Et moulut la houle de bonne heure ?

Balder le fit, moi,
Et rien de tout ça
Ne me rendit sombre
Dans la peine et l'ombre,
Ni ne m'affligea.

Tandis qu'il chantait Mai ne bougea pas.
Il se tut, tourné vers elle, les bras
De Mai frémirent et elle saisit
Le sol à ses côtés ; sa robe aussi
Frissonnait à ses pieds et ses cheveux
Entouraient son front où des veines bleues
Tremblaient ; ses yeux emplissaient son visage
Pâlissant, mais le soleil davantage.
Elle fut aveuglée les yeux ouverts,
Quand sans se mouvoir il reprit ses vers ;
Sa voix fila une toile d'argent
Qu'elle vit frémir, il fondit dedans :

Éveillé comme alors je m'éveillai,
Me voici, c'était en ce lieu,
Plage de la mer d'or où au soir brillait
Le flambeau solaire du pays des dieux.

N'ai-je pas vu voler,
Comme feuilles de peuplier,
Les cheveux des déesses et leurs mains mêmes ?
Ne brillaient pas les étoiles,
Oh de si loin, si pâles,
Idoène les portait comme un diadème ?

Je dormais d'un sommeil profond,
Autour paissaient mes moutons,
J'entendais leurs dents arracher les roseaux
Qui croissent dans les nuages
Sur de célestes rivages,
Le vent chantait sa berceuse dans leurs eaux.

Ô malheur à mon réveil,
Tandis que l'enfant soleil

Dat de zee opspatt',
En maalde de morgengolven stuk?

Dat deed Balder, ik,
En geen oogenblik
Zat ik met kommer
In wee en lommer,
Of weende ik.

Terwijl hij ging en zong, zat Mei zeer stil.
Toen bleef hij staan naar haar gekeerd, geril
Liep over hare armen en ze greep
Den gronde weerzijds; haar kleed hing in een sleep
Te trillen op haar voeten en het haar
Hing om haar voorhoofd waar de blauwe aar
Golfde; de oogen vulden haar gezicht
Dat bleek werd, mar licht was van zonnelicht.
En ze werd blind met open oogen, toen
Hij daar zoo roerloos stond en weer begon;
Zijn stem spon als een zilvren web der spin:
Zij zag het tintlen, hij versmolt er in:

Ontwaakt zoo als ik eens ontwaakte,
Zoo ben ik nu, het was aan 't strand
Der wijdvergulde zee waar 's avonds blaakte
De hooge zonnetoorts van 't godenland.

Had ik niet zien zwieren,
Als loof van populieren,
Godinnehaar en hande' aan de overkant?
En glommen niet de sterren,
O 't kwam wel ver, zoo verre,
Idoena droeg ze als een hareband?

Zoo was ik ingeslapen,
Rondom weidden mijn schapen,
Ik hoorde hun tanden rukken aan het riet,
Dat groeit in vochte wolken
Op stroom van hemelkolken,
de windbruid zong daarin haar slapelied.

O wee toen ik ontwaakte,
Terwijl Aurora slaakte

Se faisait délanger par la tendre Aurore,
Alors restèrent emmaillotés
Mes yeux, de cette obscurité
Aveugle jaillit la maigre lueur d'or.

Alors je suis parti
Sur la houle qui frémit
D'une mer de lumière, pour moi un mur,
J'ai écouté en flottant
Les sombres flots chuchotants,
Mes larmes coulaient avec la saumure.

Et j'errai misérable
Où le gris désert de sable
S'étend solitaire sous la lune claire,
Et mes joues accueillirent,
Si grand était mon désir,
La première rougeur que l'aube libère —

Puis m'élevant j'ai fui
Jusqu'aux sources de la pluie,
Rosée de nuages gouttant sur mes yeux,
Et bus du miel au repas
D'Iris, mais ne trouvai pas
À étancher ma cécité dans les cieux.

Crépuscule,
Rêverie,
Qui nommera ce qui m'a pris ?
Minuscule
Sonnerie
S'éleva quand le portail s'ouvrit.

Gardiens d'âmes
Me réclament
Le nom que je dois encore inventer.
Crépuscule
Tintinnabule,
Mes souvenirs se sont évaporés.

Au revoir
Ô mémoires
De désirs et d'afflictions ressassées,

De wiegewindsels van het zonnekind,
Toen waren dicht omwonden
Mijn oogen en opbronde
Er uit die blinde wellen schaarsch lichttint.

Toen ben ik uitgevaren
Op ritselende baren,
Van wat ik wist dat was hemellichtzee,
Daar heb ik drijven luistren
Naar 't scheemrig zeeëfluistren,
Mijn tranen stroomden met de zilte mee.

En heb ik rondgezworven,
Waar eenzaam ligt bestorven
In 't helle maanlicht grauwe zandwoestijn,
En vingen mijne wangen,
Hoe groot was mijn verlangen,
Het eerste roode van den maneschijn —

En ben ik opgestegen
Naar bronnen van den regen,
De wolkendauw drupte op mijn oogen af,
En zoog ik wolkenhoning
In Iris' roode woning,
Niets vond ik dat mijn blindheid drinken gaf.

Schemering,
Mijmering,
Wie noemt den naam van wat mij ving?
Tinteling,
Rinkeling,
Hoorde ik toen de poort openging.

Engelewacht
Vroegen mij zacht
Naar mijn naam dien ik òverdacht.
Schemering,
Rinkeling,
Deden verdampen herinnering.

Henen is
heugenis
Van lust en droefheid die ik immer droeg

Est finie
Mon envie
De musique encore et jamais assez.

C'est une douce envolée
De colombes bleutées
Sur les rayons que le soleil exsude —
C'est le flot serré d'un train
De bleuâtres baldaquins
Gonflés par quelque chaud soupir du sud.

C'est la croissance sans bruit,
C'est la floraison la nuit
D'une corolle aimable mais cachée —
C'est emplir ses poumons
D'odeurs dans la confusion
Du vaste monde avec un rêve enchanté.

C'est l'entassement dans le ciel
Des monts de brume dans lesquels
Grouillent des êtres transparents au soleil —
C'est vision de formes claires,
Pics immuables, repères
Au dur granite et diamant pareils.

Ce sont les nuits limpides,
Les astres tels des guides,
L'air caverneux rempli de clair de lune —
En soufflant la victoire
Le soleil monte en gloire
À chaque aube sur sa haute tribune.

C'est l'oscillation des gerbes de blé,
C'est note de guitare modulée,
C'est trame et quenouille de musique —
C'est le flottement de rideaux de sons,
C'est l'entrée en gare de trains de tons,
Ce sont au vent nuages mélodiques.

Apparaît un décor plein de prodiges,
C'est un brusque tonnerre qui voltige,
Brisure et éclatement des nuits d'été amères,
C'est la mer au soir, sa houle étirée

*Over is
Lafenis,
Drank van muziek altijd en nooit genoeg.*

Het is zacht aanwuiven
Van blauwgeveerde duiven,
Langs zonnestralen komend uit de lucht —
Het is het dicht toedeinen
Van blauwe baldakijnen,
Gezwollen van een vuurge' zuiderzucht.

Het is teer opgroeien,
Het is het nacht'lijk bloeien
Van een aanminnige maar geheime bloem —
Het is het aad'mend vullen
Van geuren die verhullen
Een groote wereld met een wonderdroom.

Het is het hoog ophemelen
Van nevels waarin wemelen
Mannen en vrouwe' in het zonlicht transparant —
Het is het klaar uitkijken
Naar vormen die niet wijken,
Als bergen hard graniet en diamant.

Het zijn de helle nachten
Met maan en ster als wachten,
Een holle lucht gevuld met maneglans —
Als blazende victorie,
Zoo staat de zon in glorie
Daar bij elk dageraden op den trans.

Het is het wiegelen van korenaren,
Het is het klanken van gitaresnaren,
Het is weefsel en spinsel van muziek —
Het is het trillen van muziekgordijnen,
Het is het aanrollen van tonentreinen,
Het zijn muziekwolken voor windewiek.

Er schuift een achtergrond vol wonderen,
Het is barsten en luid uitdonderen,
Breken en knallen van de zwarte zomernachten,
Het is een avondzee vol golveklokken

Qui résonne sous les nuages, tirée
Par les sombres forces flottantes de la mer.

Oh ! ce sont les caravanes
De musique, se pavanent
Des oasis jusqu'aux sables du désert,
C'est comme un glissement long
De mes musicaux galions
Avec des cuivres d'or au soleil, sur la mer.

Viens là, quiconque,
Apporte-moi donc
Fleurs et encens dans ma solitude blême —
Je veux maintenant
Des maillons de chants
Pour sortir de ma solitude même.

Il n'est pas un,
Non non, pas un
Qui connaisse ses déserts comme moi —
Elle est ma vie
Et ma patrie,
Ma ville, mon céleste toit.

Elle avait les genoux pliés en deux,
Ses bras s'appuyaient dessus, ses cheveux
Blonds l'enveloppaient, ses mains recouvraient
Ses joues et ses yeux, qu'aussi elle gardait
Clos ; elle semblait seule et infinie
Au sommet des cieux, et que dans la nuit
Le monde entier avait sombré sous elle et
Tous les souvenirs d'une vie de Mai.
Tout était-il fermé, ou scintillant ;
Silencieux ou non ? Elle l'ignorait,
Son cœur et son pouls battaient toujours le chant,
Le ciel scintillant le chantait autour d'elle.
Alors dans ses mains vint une kyrielle
De figures blanches vêtues de traînes
Dans des marées de lumière. Certaines
Portaient des instruments, les cordes
Scintillaient sous leurs doigts roses, les cors
S'évasaient, embouchés par des hommes.
Ces figures, c'était sa joie, et comme

Onder de wolken luidende, getrokken
Door de zwemmende donkere zeeëmachten.

O 't zijn de karavanen
Muziek, oaselanen
Opspelend uitkomend in zandwoestijn,
Het is het heneglijen
Van mijn muziekgaleien
Op zee met gouden koper in den zonneschijn.

Kom dan, wie ook
Bloemen en wierook
Brengt aan mijne, bleeke, stille, eenzaamheid —
Nu wil ik sling'ren
Zilveren ringen
Van liedekijnen uit mijn eenzaamheid.

Er is niet één,
Neen neen, niet één
Die zooals ik haar woestenijen kent —
Zij is mijn kluis,
Mijn vaderhuis,
Mijn stad, mijn hemeltent.

Haar knieën had ze hoog getrokken, daar
Steunden haar armen op, het blonde haar
Omhulde ze, haar handen dekten toe
Haar wange' en oogen die ook zelf dicht toe
Gesloten waren; 't leek ze was alleen
Heel hoog op in den hemel en diep heen
Was heel de wereld weggezonken en
Al de herinn'ring van een Meileven.
Hoe dicht was alles en hoe tintelde
Het licht; was 't stil, was 't niet? ze wist het niet,
Haar hart en polsen sloegen nog het lied
En alle luchtvonken zongen 't rondom.
Toen zag ze in haar hande' een beeldedrom
Heenflikkeren, alsof in slaapgewaden
Witte gedaanten door lichtvloeden waadden.
Sommige droegen instrumenten, snaren
Fonkelden tusschen rozevingers, bare
Bazuinen wijdgemond in mannenmond.
Dat was haar vroolijkheid en ze verslond

Elle ravalait ses larmes au vent
De ses pensées, le chanteur rougissant
Apparut lui-même et dans sa lumière
Toutes ces figures se dispersèrent.
D'abord il chanta, et sa bouche fut
Comme le ciel, les nuits d'hiver, repu
D'étoiles précieuses, son chant semblait
Pluie d'étoiles lâchées, il répandait
Des sons blonds en gerbes autour de lui.
Mais le silence alors vint et le bruit
Cessa. Alors il se dressa devant
Elle, bouche et yeux clos, sans mouvement.
Et les pensées de Mai restaient autour
De lui comme des oiseaux trop peureux pour
Voler dans la lumière de son corps.
Puis prenant courage elle s'est encore
Approchée, se berçant, et son regard
Glissait sur sa poitrine en patinoire.
Comme un saint d'église en or, aussi pur
Il enflammait l'obscurité, ce mur
De pierre noire. Elle oublia alors
S'il faisait nuit ou non, tant le feu d'or
De la statue fleurissait, malgré tout
C'était feu plus fleur que cruel, si doux
Son teint de bouton de rose, couleur
D'étincelle rouge dont la lueur
Lèche ses pétales de l'intérieur.
Elle étendit les paumes en avant,
Tel des lacs l'éclat de ses yeux, et dans
Ses lèvres du désir ; elle semblait
Le toucher de tendres caresses — Mais
Fini le jeu : il n'était plus là. Brillait
Haut le soleil, elle ferma les yeux,
Emplit de sa face ses mains en creux.

Le soleil baissa, les vals s'assombrirent,
Le grand soir se mit à rôder, frémirent
Les villes stellaires, et les sommets
Des montagnes, éclairées tard, captaient
Les rayons du soleil oblique. Ainsi
Les rues chez nous en Hollande, assombries
Au soir, restent du côté à l'est un peu
Rouge muraille et fenêtres en feu.

Haar tranen al, toen haastig voor den wind
Van haar gedachten, in zijn rozetint
De zanger zelf verscheen en in zijn licht
Allen vervloden van haar aangezicht.
Eerst zong hij en zijn mond leek wel het hol
Van den winternachthemel, als die vol
Van kostbre starren staat, zijn zangen waren
Als losgelaten starreregen, scharen
Van blanke klanken sprankelde hij uit.
Maar 't werd stiller en 't geluid
Hield op. Toen stond hij rechtop stil voor haar,
Den mond en d'oogen dicht, zonder gebaar.
En haar gedachten bleven eerst als schuwe
Vogelen om hem heen, die in de luwe
Verlichting van zijn lijf niet durfden vliegen.
Maar dapperder begonnen ze te wiegen
Al nader, en haar oogen gingen aan
En af over zijn borst die in een baan
Afliep. Als een kerkbeeld van goud, zoo puur
Vlamde hij in het duister, dat een muur
geleek van zwart gesteente. Zij vergat
Of het wel duister was, zoo bloeide dat
Standbeeld van vlammen, en toch leek het wel
Meer bloeme- dan wreed vuur, alsof zijn vel
Als dichtgeschulpte rozebladen dekte
Een roode vonk, waarvan het schijnsel lekte
De binnenkant der blaren. En ze strekte
De handepalmen voor zich uit, als meeren
Blonken haar oogen en een zacht begeeren
Vulde haar lippen en met teer gestreel
Scheen ze hem aan te raken. — Het gespeel
Had uit: hij was er niet. Hoog in het geel
Brandde de zon, ze deed de oogen dicht
En vuld' haar handen met haar zacht gezicht.

De zon zonk en de dalen werden donker,
De groote avond waarde om, geflonker
Begon in hemelsteden en de kruinen
Der laat verlichte bergen namen schuine
Zonstralen aan. Zoo zijn 's avonds de straten
Der steden halfdonker in onze straten
Van Holland, maar aan d'Oosterkant
Roomgeel en muurrood en de rame' in brand.

La nuit vint. La lourde terre en rêvant
Se tut, bien haut resta courbée l'enfant,
Et un duvet de brouillard s'éleva
Comme des anémones qui ondoient,
Aussi pâles au fond de l'océan.
Et elle sentit le froid humide quand
Cet habit la recouvrit, qu'une chape
De brume noya sa tête, et la cape
De sa robe tissée pendait à terre.
Là les gouttes de brume, pleurs de l'air,
Tombaient comme de sombres diamants.
Elle ne pleurait pas, mais les brisants
Remontaient sur la plage de son chagrin.
Sa mère le vit et se leva au loin :
Veillant près du feu, à peine éveillée
Dans son lit bleu, nue comme un nouveau-né,
Se leva et vit son enfant, de ses yeux
Des rayons fondaient en de vaporeux
Brouillards, elle secoua ses cheveux blonds.
L'air s'embruma : les astres sur un fond
De blancheur se noyaient, alors dans la
Brume verte l'enfant-lune brilla.
Et la lune avança, plaçant ses pieds
Sans clapotis au fond de la buée.
Puis elle versa du feu dans un plat,
Sa face illuminée, son corps en bas
Sombre. Elle se rendit vers son enfant,
Levant bien haut son visage brillant
Devant l'arc du ciel. Arrivant ainsi
Qu'une tigresse cherchant son petit
Dans le désert, elle la trouva assise,
Genoux et bras repliés, et s'est mise
À son côté, colossale. Mais pas
Un mot ne fut dit, en haut ni en bas.

Elles pensaient les mêmes pensées vides,
Comme une mère qui vit la vie de
Son enfant et l'aide en son temps. Les deux
Pensaient le bonheur fini, que sous peu
La douleur allait venir. Mais l'enfant
S'y plaisait, la jeunesse triomphant
D'armées de peines et prenant d'espoir
Le fort du futur. Elle pouvait voir

't **W**erd nacht. Terwijl de zware aarde zweeg
Mijm'rend, het kind gebogen hoog zat, steeg
Een mollige donzige nevel dommelend
Bleek op als anemonen, schommelend
Staan die ook in diep zeewater. En zij
Werd nat en dampig koud toen die kleedij
Haar overhuifde, en een vochte kap
Van vlokken nevel 't hoofd verdronk, de lap
Van haar geweven kleed hing langs den steen.
De neveldruppen lagen daar, geween
Der lucht, blankzwart als Kaapsche diamant.
Zij beefd' en weende niet, maar zat aan 't strand
Van eigen leed en zag de golven klimmen.
haar moeder wist het en zat op de kimmen,
Wachtende bij haar wachtvuur, pas ontwaakt,
Voor haar donkerblauw bed en moedernaakt.
Zij stond en zag haar kind, en uit haar oogen
Gingen smeltende stralen en bewogen
Dampen, ze schudd' het blonde geele haar.
De lucht werd nevelig: een witte baar
Van licht verdronk de sterren en uit groen
Van dampen blonk het maankindeke toen.
Zij plaatste hare voeten weinig maal
Zonder geplas diep in den damp. Een schaal
Van zilver schepte ze vol vuur, dat scheen
Haar in 't gelaat, het lichaam was beneên
Donker. Zoo kwam ze naar haar kind, heel hoog
Gloeide haar helle aanschijn voor den boog
Des breeden hemels. Als een tijgerin,
Zoo kwam ze daar, die naar een welp zoekt in
Een klippige woestijn. En toen ze vond
Haar zitten, knie en arm gevouwen, stond
Ze naast haar, kolossaal. Maar geen van twee
Zeide nog iets, noch boven noch benee.

Ze dachten aan hetzelfde, als een moeder
Die 't kinderleven leeft en die te goeder
Ure een hulp haar kind'ren is. Zij beide
Dachten dat vreugd nu op was en dat lijden
Nu klaar gemaakt werd. Maar het jonge kind
Genoot toch hiervan ook, jeugd overwint
Legers van pijn en neemt de sterke stad
Der toekomst hopend in. Verwonderd mat

Le fond de sa solitude, y trouvait
Consolation, infinie s'étendait
Sa solitude, lui n'étant plus là...
Où serait-il ? ... et le voyait déjà
Se lever sur elle pur comme l'or.

Autrement sa mère. Parce qu'alors
Un tremblement la parcourut, sa peau,
Comme dans les marais la flaque d'eau
Se ride, était sombre et trembla, sa tête
Aux lourdes boucles sursauta. La bête
Privée de son petit est d'abord raidie
De désespoir, puis rugit. Elle aussi
Resta figée, puis gémit, un orage
Entendu au loin. Comme une plume enrage
Dans un coup de vent, Mai fit un bond et vit
Des pieds sombres, un torse obscurcit
Le ciel et très haut, presque au firmament
Le visage vif, penché en avant.
Celui-ci descendit et dans l'éclat
De la mère l'enfant brilla. Ses bras
Et son torse en reçurent les rayons fins.
La mère s'accroupit, posa le bain
De feu sur une pente, et elle tint
La fleur de rose, son enfant, un bras
Sous ses genoux ronds, de l'autre entoura
La colonne de son cou et s'assit.
Le lustre s'embrasa, l'enfant jouit
En pressant la bouche à sa poitrine,
Comme un bébé n'est que soif de tétine
Et boit près de sa mère les yeux clos.
Puis elle demanda : « Mère, là-haut,
Qu'est-ce qui brille et change le brouillard
En fumée d'incendie ? Oh ! dans le noir
Je veux t'étreindre, éteins cette lueur. »
Sa mère éteignit le feu et des vapeurs
Revinrent en vagues d'entre les montagnes.
On aurait dit des cavaliers en campagne
Qui attendent un ordre. Quand ils l'ont
Ils avancent, clopin-clopant, le dos rond.

Après avoir gardé un long silence
Dans la chambre secrète aux brumes denses —

Ze nog de diepte van haar eenzaamheid,
Vond in verwond'ring troost, hoe eind'loos breidd'
Eenzaamheid zich, nu hij niet meer den dag
Vulde..., waar zou hij zijn?...en weder zag
Z'hem voor zich rijzen als van goud zoo zuiver.

Anders haar moeder. Want een zacht gehuiver
Woei over hare leden. Als een plas
Die in de donkre venen rimpelt, was
Haar huid somber en trilde en haar hoofd
Schokte haar lokkenvracht. Leeuwin beroofd
Van haar liefste jong, maakt wanhoop eerst roerloos,
Dan brulde ze 't uit. Zoo stond ze ook een poos
Voor zich te zien, toen kreunde z'. Een onweêr
Dat ver gehoord werd. Als een zwaneveer
Voor een windstoot, zoo stoof Mei op en voor
Zich zag ze donk're voeten, den romp door
De lucht heendonkeren en hemelhoog
't Felle gezicht, dat nu voorover boog.
Het kwam omlaag en in de schittering
Der moeder blonk het kind. Het licht beving
Haar borst en armen die ze open had.
En moeder zette bukkend het vuurbad
Op een berghelling en het rozeblad,
Haar kind, nam ze toen tot zich, één arm om
Haar ronde knieën, één om de kolom,
Den fijnen halszuil, en ze zette zich.
Vurig lichtte de luchter, weelderig
Drukte het kind de lippen in haar borst.
Het leek een zuigeling die niets dan dorst
Heeft en met dichte ooge' uit moeder drinkt.
Zij deed ze ope' en vroeg: 'Moeder, wat blinkt
Daar zoo en doet den nevelschemer zijn
Als rook van brand? O blusch nu al dien schijn
Van licht en laat me u in 't duister kussen.'
Haar moeder blies het vuur uit en van tusschen
De bergen golfde weêr de nevel aan.
Het lekenruiters die op 't slagveld staan
Te wachten op 't commando. Als het komt
Rijden ze voort, hoefslaande, rug gekromd.

En toen ze lang gezwegen hadden in
Geheime kamer van de neveling —

La lune y veillait comme une régente
De Scandinavie, Mai était l'infante,
Princesse endormie rêvant des chimères
Opulentes, mais les yeux de la mère
Scintillaient — Alors la Lune parla
Comme elle éclaire une allée dans les bois :
« Petite, à quoi penses-tu, l'œil brûlant ? »
Vautrée dans ses bras l'autre goulûment
But l'éclat de ses yeux et se blottit,
Disant : « Je vois ta face qui emplit
Les cieux, mère, et tes yeux couvrent ta face,
Mais un brouillard vient les voiler, leur place
Ne se voit plus, Ô comme un tourbillon
D'eau de bain tiède, pareil au lait qu'on
Trait tôt le matin son goût coule en moi.
Pourtant j'ai soif, mère, et je crains que soit
Encore loin l'aube au silence clair,
Soleil brillant pur comme sel de mer.
Maman, je l'ai tant aimé, lui, aussi
Ma tête brûle, lourde, et mon sang si
Ivre bourdonne. Oh, mon sang m'emplit noir
Comme la lie de vin, puis-je revoir
Un jour mon ancien moi, la blanche Mai ?
Je sens de lourdes odeurs, désormais
Un lourd rideau tombe devant mes yeux.
Ô mère, aide-moi, qu'est-ce que je veux ? »
Elle répondit, ce fut comme quand
L'après-midi souffle un bon petit vent :
« Je te trouve à nouveau, ma blonde fille,
Si blonde alors, à présent alanguie,
Trop rouge et chaude. Attends, je vais encore
Te couvrir de neige et changer ton corps
En halle de jeunesse et de fraîcheur. »
Alors elle l'allaita. La hauteur
Des rochers muets portait deux déesses,
La Lune, et Mai dont les cheveux en liesse
Embrumaient le ventre de sa parente.
Dans la brume elle tétait, somnolente ;
Le lait coulait, flux d'un soufflet de forge,
Du téton de sa mère dans sa gorge.
Le calme revint dans la satiété.
Elle était couchée dans l'humidité
Au-dessus du vide, sa mère expira

De maan waakte daarin, een regentes
Van Scandinavisch rijk gelijk, prinses
Mei deed haar oogen slapen vol en rijk
Aan zinnebeelden maar te glans en prijk
Stonden de moederoogen — toen ving aan
De Maan zooals een maanstroom door woudlaan:
'Kindje, wat denkt ge, wat brandt in uw oogen?'
Zij wenteld' in haar armen en dronk togen
Oogenlicht in en school nog dichter aan,
En sprak: 'Ik zie uw hoofd voor starren staan
Moeder en in uw hoofd twee oogen, maar
Sluierende nevel zweeft om, 'k weet niet waar
Ze eigenlijk staan, o het is als een kolk
Vol lauw badwater, zoo als melk die 'k molk
Op vroege morgens, smaakt het in mijn mond.
Toch dost mij, moeder, en de morgenstond,
Geloof ik, is nog ver, van klare stilte,
Baar licht en zuivre zon als zeezilte.
Moeder, doe mind' ik zoo, zou nu voor goed
Mijn hoofd zoo warm en dof zijn en mijn bloed
Zoo dronken omgonzen. O ik ben vol
Van bloed donker als wijnmoer, waar verschool
Zich toch mijn oude zelf, de blanke Mei?
Ik ruik zoo zware geuren en voorbij
Mijn oogen valt een zwaar zwartrood gordijn.
O moeder help mij toch, wat kan dit zijn?'
Zij antwoordd' en het was zooals de wind,
Die 't waaien aanvangt na zonmiddag: 'Vind
Ik u zoo weer, mijn blonde dochter, hoe
Gulden en blond waart ge, nu zijt ge moe
En al te warm en rood. Maar wacht, ik zal
U weer versneeuwen en uw lijf een hal
Maken van jeugd en kracht en kalme koelte.'
En bukkend gaf zij haar de borst. 't Gestoelte
Der rots droeg stom dat zware godenpaar,
De Maan en Mei wier overvloedig haar
De moederbuik bewolkte. In den nevel
Zoog zij haast sluimerend; als door een hevel
Uit een vat in een ander, stroomde melk
Uit moeders tepel in de mondekelk.
Zoo vond ze kalmte in verzadiging.
Lang bleef ze liggen wijl de nevel hing
Over den afgrond, en slechts nu en dan

De temps à autre juste un soupir bas
Comme un homme méditant. Et Mai dit :
« Mère, je t'aime et je voudrais oh si
Volontiers te suivre et toujours partout
Etre avec toi — Mais il est entre nous
Venu quelque chose, entre toi et moi.
Je ne voudrais plus écouter ta voix
Et quand l'ombre assombrirait ton logis,
Je ne pourrais y rester. Quand rougit
Le lointain du ciel, j'irais cherchant
La solitude et la lumière. Tant
Je me réjouis de ce qui en lui
Me plaît, ne le chercherai-je aujourd'hui
Jusque devant sa maison ? Que m'accueille
Chaque empreinte de ses pieds sur son seuil,
J'entendrai qui sait le son de sa voix.
Ses chants sont des colonnes, n'est-ce pas,
Dans des palais de marbre éblouissants ?
Dedans des chambres rougeâtres, n'attend-
Il pas, assis là au fond à attendre ?
Vois, je suis sur le seuil, il sourit, tendre,
Me fait signe, oui, il veut être mon roi.
Me voici, est-ce que ceci sera
Ma maison ? Oh que je la ferai belle.
Elle l'est déjà, regarde, dentelles
De fleurs d'été, de cristaux hivernaux,
Des glaçons pendus aux parois, coraux
Roux, oh et moi je m'enfouis sous les roses. »
Une peur la retint, avec des pauses
Elle rit encore un peu, mais non sa mère.
Celle-ci parla, vent dans les jonchères :
« Les cascades et les ruisseaux d'argent
Quittent aussi la montagne et chaque an
Les arbres perdent leur feuillage aimé.
Mes enfants, comme une gerbe assemblés
Autrefois, sont dispersés à présent.
Où sont-ils ? Je ne sais pas, depuis longtemps
Leurs membres ne dansent plus sur ma terre ;
Terre qui t'aime et te garde de chers
Trésors multicolores, mille fois.
Tu n'en veux pas ? Alors va-t'en de moi. »

Telle un vaisseau en mer qui met les voiles

De moeder een zucht uitblies, als een man
Met peinzen bezig. Eindlijk sprak ze zoo:
'Moeder, ik heb u lief, ik wilde o
Zoo gaarne u nu volgen en altijd
Bij u zijn. — Maar er is nu iets dat scheidt
Ons, u en mij. Ik zou niet altijd naar uw
Roep willen luistren en wanneer de schaduw
Uw rijk belommerde, zou ik daar niet
Meer blijven kunnen. Waar het ver verschiet
Des hemels rood zag, zou ik de eenzaamheid
En licht gaan zoeken. Moeder, hoe verblijd
Maakt het me dat ik weet wat zijn genot
Is, zal ik hem nu daar niet zoeken tot
Ik voor zijn huis sta? op den drempel zal
Ik zijn voetafdruk kussen en den schal
Van zijn stem zal ik ook misschien wel hooren.
Moeder, zijn liedren zijn als zuilen, schoren
Ze niet marmerpaleizen, blindend wit?
Daarin zijn rood verlichte kamers, zit
Hij daar niet aan het eind' en wacht en wacht?
Zie, ik sta op den drempel, zie, hij lacht
En wenkt me, ja wel wordt hij nu mijn koning.
Hier ben ik, hier ben ik, zal dit mijn woning
Nu voor goed zijn? o, 'k zal haar maken mooi.
Zij is al mooi, zie ze hangt vol van tooi,
Zomers gebloemte hangt, winters kristal,
Met ijs behangen en met rood koraal
De wanden, o ik zelf begraaf me in rozen.'
Zij hield verschrikt in en bij tusschenpoozen
Lachte ze nog wat na, haar moeder niet.
Die sprak en 't was als wind door rusch en riet:
'De watervallen en de zilvren stroomen
Verlaten ook de bergen, en de boomen
Verliezen ieder jaar hun lieve loof.
Mijn kinderen waren eens me als een schoof
Van aren, nu zijn er al zooveel heen.
Waar zijn ze? ik weet het niet, hun gladde leên
Dansen al lang niet meer op mijne aarde.
Die heeft u ook zoo gaarne en bewaarde
U schatten, veelkleurig, duizenderlei.
Gij wilt ze niet? nu, ga dan ver van mij.'

Zoo als een schip in zee, zoo stak ze af,

La Lune descendit comme une balle,
Sans éclat, errant sur terre dans l'ombre.
Jusqu'à ce qu'elle arrive à un lac sombre
Qui ondulait dans son obscurité.
Elle y monta la garde, à pleurer
Dans l'alcôve d'air noir entourant l'eau.
Un peuplier se dressait là, courtaud,
Haïssant aussi le silence il bruissait.
Ses larmes et son feuillage chuintaient.

Elle semblait morte. Mai s'approchant
Sur ses pieds enfantins, c'était du flan,
Tant ses mots étaient flatteurs : « Je t'en prie,
Ne m'en veux pas, car si j'avais choisi
Ce que tu m'offrais, cela m'aurait rendue
Si malheureuse, depuis qu'est venue
Me parler l'arche de tant de tendresse.
Tu ne l'as pas entendu, mais la paresse
D'un escargot sur un tronc n'est rien, quand
À coups d'ailes je puis journellement
Grimper au sommet de la pyramide
Du vaste monde, où des vapeurs se vident
D'un bonheur bouillant, où j'aurais l'espoir
Ne serait-ce qu'un instant de le voir.
Toi aussi tu cherchas des grottes bleues,
Y menas Endymion, rayonnas peu
Pour qu'il puisse dormir, parmi les bois
Tu as vu briller son cou et son bras.
Dans ta jeunesse tu cachas, pareille,
Endymion et toi-même du Soleil. »
Penchée la Lune éleva son enfant,
La regarda sans bouger, l'embrassant,
Puis au bout d'un moment la reposa.
Et Mai partit — une enfant ; et resta
Tel un arbre près du lac la Maman.
Brume et vent l'entouraient et un ruban
D'une eau trouble inondait la sombre grève
Comme un homme est inondé par un rêve.

Cette nuit nul ne vit la douce Mai,
Ni les satyres, ni le peuple gai
Des faunes qui dansent sur les collines.
Les elfes non plus dans leurs mousselines,

En als een luchtbal daalde ze, ze gaf
Geen schijnsel meer, liep over d'aard in schauw.
Tot dat ze bij een meer kwam dat heel flauw
Lag op te golven in de duisternis.
Daar stond ze en weende uitkijkend, een nis
Zoo leek de zwarte lucht boven het water.
Een populier stond naast haar, klein, een hater
Van stilte, die nu ook zacht ratelde.
Haar tranen ruischten, bladen zwatelden.

En ze leek dood. Toen trad Mei zachtkens na
Op meisjesvoeten, 't was als zoete vla
Zoo vleiend wat ze zei: 'O wees niet boos
Moeder, ik bid u, want al wat ik koos
Uit wat gij geven wilt, het zou mij zoo,
Zoo ongelukkig maken sinds een boo
Van zoo veel pracht en teêrheid tot mij sprak.
Gij weet en hoorde 't niet, ik zou als slak
Op één boom kruipen, nu 'k op vleugelen
Een wereld daags kan zien en in en ren
Den top bereik der gouden pyramide,
Der groote wereld, waar de dampen zieden
Van 't heetste kokende geluk, waar ik
Hem weerzien zal, al was 't een oogenblik.
Ook gij zocht blauwe grotten met uw licht,
Bracht één er heen en hield uw straal gericht
Zóó dat hij sluimren kon, door 't bladerscherm
Zaagt gij toch schemeren zijn hals en arm.
Moeder, denk aan uw jeugd, toen voor de zon
Ge u zelve schuil hield en Endymion.'
Zij bukte en hief haar kind langzaam omhoog
En zag haar aan, haar kussend, en bewoog
Langen tijd niets, toen zette ze haar neer,
En Mei liep heen, een kind, dicht aan het meer
Stond nog de Moeder en bleef staan, een boom.
Nevel en wind vloot om haar en de zoom
Van 't donker land ontving soms overstroom
Van troebel water, als een man een droom.

Niemand zag mollige Mei nu meer dien nacht,
Luimige sater niet noch het geslacht
Der Faunen die op de heuv'len spelen gaan.
Ook niet de elven die in hun lange gewaan

Qui marchent à la file en caravane
À travers le brouillard et se chicanent
En grande assemblée afin de savoir
Que faire demain du matin au soir
Quand les enfants d'elfes feront dodo
Dans les feuilles des lis au bord de l'eau.
Les étoiles regardaient l'air curieux,
Les tilleuls bavardaient, leste et joyeux
Le vent fouillait les bois, mais sans succès.
Nul mont ni val ne sut où elle était.

Mais quand le soleil fleurit, bois feuillus
Bénis d'un premier souffle — elle apparut
Comme une biche de la forêt froide.
Nue, dégoulinant d'écume ; une roide
Cataracte tempêtait derrière elle.
Elle resta où le bois se crénelle
En remparts autour des rocs sur la plaine,
Elle s'y dressa, plantée comme la graine
D'une fleur, ses mots embaumaient comme elle :
« Père, tu emplis les ourlets du ciel
Du lever de tes rayons, tu éclaires
Les nuages de la nuit, aurifères
Et mines d'argent, Ô père, source pure
D'où tous les jets de lumière fulgurent,
Fontaine, donne-moi aussi ma part.
Je l'accueille dan mon œil, qui s'empare
De ta lumière cachée, mes cheveux
Y poussent blonds tel le blé dans le creux
Où tombe la graine et la pluie d'été.
Donne-moi — mère aussi m'a allaitée —
De quoi poursuivre ma nouvelle route. »
Il l'entendit, lumière fut, par toutes
Ses pores elle envahit son corps blanc.
C'était pur or, mais sa peau le filtrant
Comme un tamis ce fut plus pur en elle
Encore, ressortant en étincelles :
La rose accueille la lumière ainsi
Et y brûle jusqu'à la mort — aussi
La lumière a brûlé et consumé
Ce qui était lourd en elle, en fumée,
Et elle se sentit plume d'oiseau.
Puis à l'enfant des frimas matinaux

Achter elkander als een karavaan
Wandelen door de mist om te beraan
In groote vergadering, wat er is te doen
Den volgenden morgen tot den heeten noen,
Als elvekindren alle te slapen gaan
In de lelieëbladen op de waterbaan.
De blinkende sterren keken wel nieuwsgierig,
Lindeloof babbelde wel en 't waaide zwierig
En heuchelijk door 't bosch, maar dat was al.
Niemand wist waar ze was, geen berg, geen dal.

Maar toen de zon ontbloeide, d' uchtendwinden
De bladerwouden zaligden — een hinde
Gelijkend draafde ze uit een koel woud.
naakt, met schuimdroppen van een val; badkoud
Daverde achter haar een cataract.
Daar hield ze stand, waar 't boombosch in de vlakt'
Als stadsmuur opstaat rond de rotsen om.
Daar stond ze en ze stond er als een bloem,
Als bloemegeuren waren hare woorden:
'Vader, uw rijzenis vervult de boorden
Des hemels met uw licht, gij laat wel schijnen
De donkere nachtwolken als rijke mijnen,
Gouden en zilveren, o vader, reine
Welwellust, bronwel, uit wien de fonteinen
Van alle licht vervlieten, geef ook mij.
Ik berg het in mijn oog, dat fonkelt blij
Om uw verborgen licht, mijn blonde haar
Groeit er van op zooals het koren waar
Het gouden zaad viel en de zomerregen.
Geef, geef het mij, nu ik de nieuwe wegen
Bereizen ga — ook Moeder gaf mij melk.'
Hij hoorde het, licht stroomde, en door elk'
Opening drong het in haar blanke lijf.
Het licht was zuiver goud, maar als een zeef
Haar blanke huid, het was nog zuiverder
In haar, het sloeg naar buite' als lichtschitter:
Een rozeknop zamelt zóó licht, de roos
Brandt er tot aan haar dood van — toen een poos
Het licht gebrand had en geheel verteerd
Wat zwaar was in haar, voelde ze als geveert,
Gepluim van vogels om zich, en aan een kind
Van morgenkoelte en van nachtewind,

Et du vent de nuit, qui dormait sur une
Branche, elle demanda, plainte importune
Comme un oiseau dont la voix se brisait :
« Appelle ton père, où est-il, tu sais ? »
Il leva la tête haut et siffla
Sa mélodie fine, alors arriva
À tire-d'aile le Vent-du-matin,
La bride d'un cheval-vent à la main.
Elle dit : « Où naviguent les nuées
À grand vent, là je veux être emmenée. »
Sur quoi elle rit — il la regarda,
Hors d'haleine avec son cheval, brilla
Le feuillage quand frémit la crinière.
Il dit : « J'étais là où les fleurs libèrent
Leur parfum et le soleil son éclat,
Ô fleur plus soleil, je reste avec toi.
Permets que j'ondoie et murmure autour
De ton oreille où se pâment d'amour
Les nuages ? Je te conduis, n'aie crainte.»
Il rit, leurs yeux brillèrent, comme plainte
De jeune brebis Mai le remercia :
« Merci, mais laisse-moi aller seule, et toi
Reste ici, tu peux laisser ton haleine
Me caresser, ça je permets. » En peine
Il acquiesça. Mais quand il vit son rire
Il le refléta aussitôt d'un sourire.
Puis il partit et d'une clairière
Dans le bois souffla de belle manière ;
L'air doux se leva d'un bond et vagabonde
La jument du vent fit le tour du monde.

Comme sur un sofa, pas vraiment présent,
Elle flotta d'abord à travers les champs
Des papillons — l'un d'eux sur son perchoir
En haut d'un arbre, près des fleurs, « au revoir »
Murmuraient les lèvres de Mai tout bas.
Alors la garde de ses yeux entra,
Soldats qui au plus profond de sa tête
Montaient la garde, et Mai regardait, bête.
Un instant. Puis le ciel devint plus frais,
Plus près les nuages : « Je reconnais,
Dit-elle alors, de beaux chevaux en vous. »
C'était tout un troupeau, mais plutôt doux

Dat op een hoogen boomtak boven sliep,
Vroeg ze zoet klagend, 't was als vroeg gepiep
Van vogeltje ontwaakt, nog niet bij stem:
'Roep nu uw vader, wilt ge, weet ge hem?'
Die richtt' het hoofdje hooger op en floot,
Een fijn geluid, en uit het rood,
Het Oost, kwam Morgenwind op grooten vleugel,
Een windpaard draafde naast hem aan een teugel.
Ze zei: 'Ik wilde waar de wolken zeilen
Willoos voor wilde wind, daar wilde ik wijlen.'
Ze zei dit lachende, — hij zag haar aan
Hijgende met z'n paard terwijl de blaan
Schitterden en de paardemanen rilden.
Hij zei: 'Ik was waar bloemevaten spilden
Hun geur, de zon zijn licht, o gij zijt meer
Dan bloeme' en zon, 'k verlaat u nimmer meer.
Mag ik u wiegelen en suizelen
Rondom uw oor waar wolken duizelen?
Ik voer u voort, vrees niet, ik doe geen kwaad.'
Hij lacht', hun oogen glommen, als geblaat
Van een jong schaapje zei ze haren dank:
'Ik dank u wel, maar laat mij mijnen gang
Alleen gaan, blijft gij hier, laat uw adem
Mij streelen, dat moogt ge.' Zij stild' haar stem.
Hij knikte wat droevig. Maar toen hij zag
Haar lachen, spiegelde hij weer haar lach.
Toen ging hij heen en uit een open plats,
Een plein in 't woud, woei uit zijn vol geblaas;
De teere lucht woei vloeiend met een vaart
Omhoog, hinnekend draafde de windhengst rond op aard.

Als op een sofa, maar die was er niet,
Zoo dreef ze eerst voor door het laag gebied
Der vlinderen — er zat nog een kapel
Hoog in een boom bij bloemwoning, 'vaarwel,
Vaarwel' lispelden Meilippen heel zacht.
Toen trad naar binnen hare oogenwacht,
Blanke soldaatjes die diep in haar hoofd
Hun wachthuis hadden, en ze keek verdoofd.
Een oogenblik. Toen werd het koeler en
Ze zag de wolken bij zich: 'Ik herken,
Zoo sprak ze teeder, mooie paarden u.'
Het was een heele kudde, maar niet schuw

Ils se cabraient ou secouaient leurs fronts.
Ils dérivaient lents, elle avec, au fond
Des cieux ouverts, pareils à la fumée
Qui n'est pas partie par la cheminée
Mais reste où la flamme commence, aimant
La chambre humaine. « Oh ne me chassez quand
Même pas, » soufflait Mai à peine audible.
Le vent l'entendit, en son corps terrible
Retint son souffle, tout cessa. Alors
Le soleil brilla plus chaud et plus fort,
Tirant les nuées de plus en plus haut,
Ainsi les pêcheurs remontent de l'eau
Leurs filets lents dans beaucoup de poisson.
Mai voyait tel nuage à la façon
De bulles de savon, où se mêlaient
Des raies et des cercles de couleur, et
Plus bas des lourds et noirs comme les vagues
Avant un grain, très haut et loin une bague
De vapeurs blanches roulait en tourbillon.
Le soleil brûlait ; d'une dépression
Qui reste sur la lande après l'averse —
Sombre au bord, les chemins qui la traversent
Sont inondés — la lumière se plaque
Sur l'air même et prend en butin la flaque
Blanche de frissons et boit toute l'eau —
Ainsi le soleil goba le troupeau
Des nuages ; seules quelques buées
Qui dansaient à l'horizon sont restées.

Toujours plus haut elle flottait sans bruit,
Flamant rose du Nil qu'attire à lui
Le disque doré du soleil, son cou
Se courbe entre ses ailes et remous
D'or glissent sur son rouge et blanc plumage.
Ainsi flottait-elle où aucun rivage
Ne vient lisérer l'étendue liquide.
Et montait toujours. Au-dessus du vide
Le toit d'azur semblait toujours plus haut,
La terre en bas, très loin, un brasero
De feu coloré, vert et brouillard blond.
Il faisait si bleu autour d'elle, son
Ascension sans heurts et sans fin. Parfois
Elle ouvrait en éventail tous ses doigts,

Steigerden ze of schudden hunne koppen.
Langzaam dreven ze voort, zij met hen, open
Hemelen door, gelijkend op de rook
Die niet de schouw ingaat, maar waar ontlook
De houtvlam, daar ook wijlt en hangen blijft,
Minnend de menschekamer. 'O verdrijft
Mij ook nog niet', murmelde Mei nauw hoorbaar.
De wind hoorde het en de luchtverstoorder
Staakte zijn adem, alles stond. Toen scheen
De zon met heeter stralen en trok heen
De wolken al hooger en hooger, zoo
Trekken visschers het net en visschezoo
Naar boven, langzaam gaat het door veel visch.
Sommige wolken zag ze als een vlies
Van zeepsopbellen, daar dreven doorheen
Strepen en cirkels kleur, dieper beneen
Zag ze soms zware zwarte als een golf
Voor storm, heel hoog en ver weg hing een kolf
Vol witte stoom, die draaide om zich om.
De zon scheen vuriger; als uit een kom
Die zomers in de hei staat na plasregen —
Somber schouwen de heuvelen, de wegen
Loopend er in staan onder — daar slaat uit
De lucht het licht en maakt de plas zijn buit,
Rimpelend wit, en drinkt het water op —
Zoo vrat de zon de heele wolkentroep;
Alleen wat ruige damp bleef over, die
Dwarrelde ver weg in 't verschie.

En hooger dreef ze als de roode vogel,
De Nijlflamingo dien de gouden kogel,
De zon, ook aantrekt, zijn gekromde nek,
Ligt in karmijnen vleugels en gelek
Van goud glijdt langs zijn blank' en roode veeren.
Zoo was haar drijven en haat zachte scheren
Langs strandeloos liquide oppervlak.
En altijd stijgende. Het blauwe dak
Leek zwellende omhoog te gaan, de aard
Lag heel laag omlaag en leek een heete haard
Vol bonte vlammen groen en nevelwit.
Hoe blauw was 't om haar, boven haar, haar rit
Zoo zonder schommelen en eindeloos.
Zij waaierde haar vingers soms, de roos

Rose tremblante au jardin silencieux.
Le jour était muet et les cheveux
Du soleil comme une tente d'or pur.
Parfois elle se mettait debout sur
Le silence et riait comme une cloche.
Puis se couchait à nouveau, genoux proches
D'elle comme une enfant, et ainsi elle
Dormait jusqu'à ce qu'un rêve l'appelle.
Pour finir couchée sur le dos, semblant
Sans vie, dans cette humeur réfléchissant
De vive voix : « À présent je voudrais bien
Qu'il vienne là-haut et m'emmène au loin.
Ainsi j'ai vu un mouton, le benjamin,
Brouter seul en arrière du troupeau,
Le soir dans les dunes, et de nouveau
Lever la tête en bêlant, angoissé,
Se remettre à brouter, tête baissée.
Ainsi aussi je veux l'attendre lui,
Je vais sûrement l'approcher. Merci. »
Elle fit signe à son père, fleur du soir
Qui dit bonne nuit au vent. Et lui, gloire
Du ciel, agita ses cheveux solaires.
Elle resta longtemps sur la civière
Des cieux à penser tout haut : une femme
Souvent pense un vœu et l'articule, entame
Les confins du réel et du domaine
Obscur où l'espoir chante ses rengaines.
Flottait en rêvant : barque qui divague
Sur l'océan et du creux d'une vague
Franchit la crête jusqu'au creux suivant —
L'une et l'autre ensemble dansent gaiement.
Ainsi l'air bienheureux semblait aussi
Se creuser de silences où l'infini
De l'éther ne commençait pas encore,
Mais poussait les nuages vers ses bords.

Elle vit au soir, dans l'obscurité
Du couchant, comme une vaste cité
Des joyeux Maures dans un coin d'Espagne.
Les coupoles s'élevaient en montagnes
Peintes léger, avec des minarets
Sveltes comme des filles. Guillerets
Des arcs se déployaient de proche en proche

Bibbert zoo soms haar blaan in stillen tuin.
De dag was nachtstil en de zonnekruin
maakte zijn haren als een gouden tent.
Soms rees ze op en stond dan overend
Lachend tegen de stilte als een klok.
Dan lag ze zich weer neer en droomrig trok
Ze hare knieën als een kind op, sliep
Dan in tot dat een droom haar wakker riep.
Ten laatste lag ze ruggelings, niet meer
Bewoog ze, dacht toen in die atmosfeer,
Dacht verluid: 'Nu wild' ik dat hij kwam
Daar boven en mij heel ver met zich nam.
Zoo heb ik ook wel eens een enkel lam
Zien achterblijven van het schapenheer
Des avonds in het duin, dan keer op keer
Terwijl het graasde, keek het blatend op,
Heimweeënd, mar dan boog het weer den kop.
Zoo wil ik ook tevreden wachten, nader
Kom ik hem toch. Ik dank u.' En haar vader
Knikte ze toe zoo als een avondbloem
Die 't windeke goênacht knikt. En de roem
Des hemels, 't zonlicht, schudde vroolijk 't haar.
Ze lag denkend en sprekend op de baar
Der lucht nog lang: een vrouw denkt vaak haar wensch
En spreekt hem uit, heenlevend langs de grens
Van werkelijkheid en 't scheemerig gebied
Waar Hoop zingt nachts en daags haar tooverlied.
Slapende droomende dreef ze weer: een boot
Eenzaam in zee, die uit den gladden schoot
Van één golf overklint in anderen —
Vroolijk dansen die naast elkanderen.
Zoo lek de lucht ook in haar zaligheid
Van gladde stilte, waar d'oneindigheid
Des ethers nog wel niet begon, maar in
Uiterste fijnheid aandreef wolkekring.

Die zag ze 's avonds. alles lag diep blauw.
De zon was onder, 't leek een stedebouw
Van vroolijke Mooren in een Spaansche streek.
Koepels zwollen omhoog met lichte streek
Als van penseelen en een minaret
Stond als een slank meisje. In stille pret
Bogen zich de arcaden voort en voort,

En galeries infinies : sans reproche
Y régnait un demi-jour de lumière
Tempéré de satisfaction légère.
Elle y chaloupait par les couloirs blancs,
Y exhalait un désir lancinant
Qui imprégnait le marbre des nuages
De sa chaleur, tandis que sans encrage
Elle flottait le long des murs jusqu'au
Toit transparent, qui tremblait. Puis d'en haut
Elle resta à regarder devant
La fenêtre ouverte, le monde était blanc,
Les corps célestes assemblés en hordes,
Les étoiles à la place et dans l'ordre
Qu'elles ont reçues d'un Dieu tout-puissant.
Puis elle descendit, se balançant
Jusqu'à toucher du pied des mosaïques
Magiques, y étendit son corps : musique
Crut-elle entendre, la soufflant en avant,
En arrière et en haut — ainsi le vent
Joue d'une pétale de rose en été.
Puis une salle ouverte l'a attirée,
Où les murs lisses brûlaient d'un feu bleu,
Le sol les reflétait comme un lac peut
Le faire à l'aube d'un ciel qui éclôt.
Là se trouvait, sans poids sur un escabeau
Fragile — tout était pénombre et vapeur —
Une vierge, toute en rire et roseur
Comme un brouillard face au soleil levant —
Qui tirait d'un rouet devant elle cent
Et cent fils pareils à des rayons d'eau,
Comme ce qui jaillit parfois d'un saut
D'argent en cataracte des rochers.
Ils coulaient de la salle, effilochés
En ruisseaux centuples dans les couloirs.
Mai entra, regarda pleine d'espoir
La filandière du pas de la porte :
« Que fais-tu, qu'est-ce que ces fils apportent ? »
Et la fille répondit sans ambages :
« Moi je suis la fileuse de nuages
Qui crée les plus fins nuages du nord,
Fine fleur de la moisson que les ors
Du soleil fauchent de jour sur la mer.
Les plus fins d'entre eux montent le plus haut,

In eindelooze gangen: ongestoord
Hing daar een schemer in verzadiging
Van licht en luchtige bevrediging.
Daar dreef ze heen en door de witte gangen
Dobberde ze, zacht ademend verlangen
Ging van haar uit en vulde het poreus
Wolkmarmer met warmte, wijl zonder keus
Ze voortzeilde. Nu steeg ze langs zaalmuren
Naar 't bevende doorzichtige dak, dan turen
Bleef ze naar buiten voor openstaand raam.
Blank was de wereld waar allen te saam
De scharen vaarden van de hemelingen,
De starrenrij, zoo als ze eens ontvingen
Hun plaats en orde van een grooten God.
Dan daalde ze weer en schommelde tot
haar voeten raakten wonderlijkst mozaiek,
daar vleide ze haar rode lijf: muziek
Leek ze te hooren en die blies haar voort
En weer terug en op — in zomeroord
Speelt zoo de wind met roosblad afgewaaid.
Toen lokte haar een open zaal, daar laaid'
Langs gladde wand een klaar hemelsblauw vuur,
De vloer weerkaatst' 't, als in morgenuur
Het meervlak den ontwaakten ochtendhemel.
Daarbij zat luchtig op een broozen schemel —
Alles leek damp en schemer — lichte maagd,
Gemaakt van blozen en lachen, als het daagt
Waar zoo wel eens een wolk voorbij de zon.
Vóór haar een spinnewiel, waarvan ze spon
Honderde draden die als stralen waren
Van water, zooals wat in zilveraren
Springt van de zwarte rots in waterval.
Dat sroomde heen en spartelde uit de hal
De gangen in als honderdmond'ge beek.
En Mei trad in, bleef in de deur, toen keek
De spinster vragend lachend op, haar aan:
Mei vroeg: 'Wat spint ge en wat zijn die draan?'
Murmelend gaf het meisje haar de woorden:
'Ik ben de wolkespinster uit het Noorden,
Ik spin de fijnste wolken die het hoogst
Drijven en draven, bloesems uit den oogst
Die 't zonlicht over dag maait van de zee.
Het fijnste komt 't hoogste, dat verzamel

Que mes doigts rassemblent, vois leur troupeau
Qui comme des moutons ont quitté l'ombre
De ma salle. Ils broutent partout sans nombre. »
Une fenêtre de brume s'ouvrit
En coup de vent et regardant l'on vit
Des nuages moutonner, toisons blanches
Comme en mer quand les vagues drues se penchent.
Certains erraient à part, semblaient rêver
En marchant, leur regard fixe égaré.
Mais la plupart d'entre eux marchaient au pas,
De concert comme une armée de soldats.
Et du feu bleu l'autre parla enfin :
« Veux-tu attendre ici jusqu'au matin ?
Viens, assieds-toi et fais-moi ton récit
À ton tour, je file, mais j'écoute aussi. »
Et Mai s'approcha, s'étendit en long
Aux pieds de la filandière et le son
De sa voix coula de la même sorte
Que les fils de brume à travers la porte :
« Mon nom est Mai, qui doucement résonne,
Tu le connais bien, je crois, car personne
Parmi les elfes et les dieux des champs,
Les nymphes d'eau, les vents rouges et blancs
Et tous ceux qui sont portés dans les airs,
Aucun n'ignore Mai, ils m'ont offert
De tout en échange d'un seul baiser.
Mais les baisers rendaient mon cœur blessé
Et j'ai souvent fui, sans les fâcher, eux.
Je fais, et chacun fait ce que je veux.
Il me reste un seul souhait à présent
Et ça aussi, je crois, va sûrement
Porter fruit, tout vœu qui fleurit en moi
Très vite en abondance mûrira. »

Elle se tut un instant, puis reprit :
« Il est quelqu'un, je ne sais où, l'envie
De le retrouver me brûle, tu sais
Peut-être où il est. » L'autre dit : « Quel est
Son nom, viendrait-il de la basse terre ?
Je ne m'y rends jamais, mais s'il préfère
Nos régions je l'aurai vu tôt ou tard. »
Mai : « Connais-tu au matin par hasard
Le chant des oiseaux au-dessus des prés ?

Ik in een kluwen, zie hoe den belhamel
Een kudde al gevolgd is uit mijn zaal.
Gij ziet ze ov'ral weiden zonder tal.'
En mèt woei zich een nevelvenster open
En beiden keken en ze zagen loopen
En klimmen schapewolkjes, wit gevacht,
Zooals in zee de golven schuimgevacht.
sommigen doolden af, leken alleen
Te loopen droomen, kijkend voor zich heen.
De meesten gingen samen in één pas,
Alsof 't een leger van soldaten was.
En zij sprak van het brandend blauwe vuur:
'Wilt ge hier wachten tot het morgenuur?
Kom dan, en zit hier bij mij en vertel
Op uwe beurt, ik spin, maar hoor toch wel.'
En Mei kwam nader, legde zich languit
Bij 't voetje van de spinster en 't geluid
Begon toen heen te stroomen met 't geruisch
Der neveldraden door die deuresluis:
'Ik heb een zoeten naam, mijn naam is Mei,
Ge kent me wel, denk ik, want niemand bij
Alle de elven en de veldegoden
En waternimfen en de witt' en roode
Winden en al de luchtverhevelingen
Was er of kende Mei wel, alle dingen
Boden ze mij wel aan voor éénen kus.
Maar 't kussen gaf mij hartepijn en dus
Vluchtte ik vaak, maar niemand was dan boos.
Ik dee en elk dee wat ik verkoos.
Nu heb ik maar één een wensch en die zal ook
Wel weldra, denk ik, vrucht dragen, ontlook
Maar ooit wenschbloesem in mij, dadelijk
Hing ook de rijpe vrucht daar rijkelijk.'

Toen zweeg ze een pooze stil, begon toen weer:
'Er is iemand, ik weet niet waar, 'k begeer
Heftig te weten waar hij is, gij weet
Het wellicht wel.' De ander zei: 'Hoe heet
Hij, is het iemand van de lage aarde?
daar kom ik nooit. Maar is het dat hij waarde
Hier rond, vroeger of later zag ik hem.'
Mei sprak: 'Den morgen en de vogelstem
Ge kent die niet, boven de blanke weide?

Dans un bois sur la lande au soir le gai
Rossignol, et puis pendant tout le jour
Le bruissement du feuillage et toujours
Le rire de tous les flots brillants, non ?
Tu ne les connais pas, écoute son nom
Et sache le printemps, le rire, et moi.
Balder, c'est son nom, Balder. » Et de joie
Mai hurla et l'écho de son nom leste
Chassa la brume des salles célestes.

Quand l'autre eut écouté, elle pleura.
Puis quand elle eut pleuré elle parla
Ainsi, les yeux des deux brillant de larmes,
Autour d'elles grimpait le bleu des flammes :
« Balder, son nom est baume de rosée.
Les oreilles de la jeune mariée
Le boivent, emplissant son corps profond
De joie et du son de son riche nom.
Comme alors elle a la tête remplie
De ce son et que dans ses yeux vacille,
Derrière ses yeux, sa vision de lui,
Elle le cherche aussi, se réjouit
D'avance de le trouver, oh je sais. »
Et comme une source à nouveau pleurait,
Source qui déborde et mollit la terre.
Le rouet s'arrêta et la dernière
Fibre fila par la porte. Et longtemps
Elles furent à rêver, un seul chant
Donne espoir à l'une, le souvenir
À l'autre en l'entendant, merveille à dire.

Le brouillard devint rose et le bleu pâlit,
De ses rayons le soleil levant mollit
Les vapeurs blanches : les deux se levèrent.
Deux agneaux aussi, que le sommeil libère,
Se lèvent ainsi et font quelques pas.
Mai prit la main de l'autre et l'emmena
Sur l'étroit sentier dans cette lumière
Au bord des nuages, plage côtière
Comme en Hollande, sablonneuse et blanche.
Jusqu'à ce qu'elles s'arrêtent, se penchent,
Les yeux tournés vers le même côté,
L'une dit : « Vois-tu où l'aspérité

's Avonds in 't eenzaam boschje langs de heide
Den nachtegaal en dan den ganschen dag
Het ratelen der bladen en den lach
Van alle glanzende aardsche wateren?
Ge kent die niet, hoor dan zijn naam en ken
Lente en lachen, mij en mijn Mei-jeugd.
Balder, zoo heet hij, Balder.' En van vreugd
Schreide ze uit, terwijl zijn naamgeschal
Klaarde den nevel van de hemelhal.

Toen d' andre dit gehoord had, schreide ze.
En toen ze uitgeschreid had, antwoordde
Zij zoo, terwijl hun beider oogen glommen
Van tranen, om hen blauwe vlammen klommen:
'Balder, zijn naam is balsem en als dauw.
De open ooren van een jonge vrouw
Drinken hem in en vullen 't diep lichaam
Met weeld' en 't klanken van zijn rijken naam.
Omdat ze dan het hoofd boordevol heeft
Van dat geluid en in haar oogen beeft,
Achter haar oogen, zijn wild flikk'rend beeld,
Zoekt ze hem ook, ik weet het en verbeeldt
Zich 't vinden al vooruit, o 'k weet het wel.'
En toen schreide ze weer, zooals een wel
Die overloopt en den grond drassig maakt.
't Getouw stond stil en 't laatste weefsel raakt'
Al uit de deur. Zoo zaten ze heel lang,
Beide droomend, zoo als één gezang
Aan de eene hoop, herinnering aan de aêr
Geeft bij het hooren, wonder-wonderbaar.

Nevel werd rozerood, het blauw verbleekte,
De zon verscheen en gouden stralen weekten
De witte dampen: beide stonden op.
Twee lammeren gelijkend, op een heuveltop
Opstaande na den slaap en traag ontwaken.
Mei aan de hand der ander, door het blaken
Van 't rijke licht langs een smal wandelpad,
Een wolkenzoom, een kustestrand als wat
Langs Holland en de zee ligt, zandig wit.
Totdat ze samen stilstonden en met
De oogen beide naar één zij gekeerd,
De eene sprak 'ziet ge waar het geveert

De ce nuage à l'infini parade
Comme la jetée d'un port ? C'est la rade
D'où il faut partir. Je te laisse aller. »
Alors l'une vers l'autre s'est tournée
Et l'autre embrassa l'une tendrement.
Puis se tournèrent en se séparant
Entre elles, la première ne pouvait
Retenir ses pas, et l'autre filait.

Là fourmille en silence l'océan d'air,
La mer d'atmosphère, et le pâle éther
Des cieux au-dessus, et là prédominent
De scintillantes mélodies marines.
Elle y reste assise un jour, une nuit,
Tant cette seule image la régit
Entière de son souffle moite et chaud.
Elle est pleine de lui comme un rideau
De brouillard emplit les bois en automne.
Rien d'autre ne bouge et seuls foisonnent
Mouvements de brume et bruits de brouillard.
Parfois elle pleure un peu et s'égare
De sa bouche un murmure, ainsi peut-on
Entendre une poule dans les buissons.
Elle est sans pensées, aucun mot ne peut
Dire ses idées ; entendre aussi peu
Que ce soit d'une âme n'est pas possible.
Comme la terre quand la pluie la crible,
Averse d'été qui goutte en bruissant,
Heure après heure un chaud pétillement
Emplit tout le bois et les frondaisons
Des plus hauts arbres, avec leurs gros troncs,
Jusqu'aux fleurs dans l'herbe en sont saturées —
Ainsi l'âme en elle est démesurée,
La jeune femme est emplie à ras bord
D'une aube d'espoir, demi-jour d'aurore
Où l'impatience n'est plus à sa place
Quand cette luxuriance la remplace.

Elle ne sait pas qu'elle est quelque part,
Ses yeux ouverts ne voient pas les brouillards
De lumière y danser ; elle ne voit
Ni comment la nuit lustrée pas à pas
Succède au jour ni le jour à la nuit.

Van deze wolk in eindelooze zee
Uitsteekt als havenhoofd? Dat is de ree
Van waar ge gaan moet. 'k Laat u nu alleen.'
Toen keerden ze zich tot elkander heen
En kuste de een de ander op den mond.
Toen wendden ze zich van elkander rond,
Wandelden uit elkaar, de eene kon
Haar voeten haast niet houden, d' ander spon.

Daar lag de luchtzee stil te wemelen,
Een zee van atmosfeer, de hemelen
Van ether bleek daarboven, daar stond zij,
Flikkerend ruischte een zeemelodij.
En zittend bleef ze daar een heelen dag
En nacht, terwijl dat ééne beeld gezag
Voerde in haar met vochte' en warmen adem.
Ze was zoo vol van hem zoo als met wadem
Van nevel is een bosch op herrefstdag.
Anders beweegt er niet in en de dag
Kent niet dan mistbeweging, mistgeluid.
Soms weende ze eens even en vlood uit
Haar mond een murmeling, men kan een hoen
Zoo in de struikenschaduw hooren doen.
Ze had niet één gedachte en geen woord
Kan daarom zeggen wat ze dacht, gehoord
Kan niet het teerste worden van een ziel.
Zooals de aarde als er regen viel,
Zomerregen, druppelend met geruisch,
Uren aan uren dat een warm gebruisch
Het heele woud vult onder hooge kroonen
Van zwaar gestamde boomen en de schoone
Bloemen in 't gras vol worden van dien dauw —
Zoo was het innigste dier jonge vrouw
Eindeloos groot en boordevol gevuld
Met schemering van hoop, dat ongeduld
Geen plaats vond waar er volop was bereid
Van weelde in die tegenwoordigheid.

Ze wist niet dat ze ergens was, wel waren
Haar oogen open en bewogen baren
Van lichte nevel voor haar, maar ze zag
Ze niet, noch hoe de luistre nacht den dag
Verving, de dag den flikkerenden nacht.

Elle est toute seule et veille sans bruit
Auprès de son âme, quoiqu'il arrive
Dans, autour, ou hors des étranges rives.

Tandis qu'elle couvait son seul mystère,
Deux jeunes dieux approchaient sur la mer
En compétition, leurs pieds en action.
Mai les entendit rire, à des clairons
Semblables tandis qu'ils la dépassaient
Et dans les rayons du soleil laissaient
Les empreintes vibrantes de leur vol.
Comme deux coureurs cyclistes : leurs folles
Roues tournoient, éclaboussant la lumière
En cercles, file d'avant en arrière
Le chemin blanc : ils s'épient sans arrêt,
Pédalent à tout rompre, l'âme très
Hargneuse, à l'arrivée l'un va gagner,
Mais l'autre le rattrape et aveuglé
De désespoir le dépasse. Un hardi
Coup de pédale et la foule applaudit —
Ainsi volaient-ils plus loin et l'éclat
Du soleil se calmait. Mai se dressa
Et regardait curieuse, respirant
À fond comme on fait au réveil, soufflant
En elle une brise d'envies sauvages.
Elle s'envola du quai des nuages
Dans l'espace, à travers l'éclat solaire,
Car il n'y avait là que la lumière,
Dirigeant ses pas sur les pas des dieux.
Eux allaient plus vite, en courriers des cieux
Habitués à parcourir ce pays,
Mais encore longtemps elle les vit,
Sentait l'odeur d'huile de leur sueur
Qui fondait au soleil et en vapeurs
Diffusait un parfum dans leur sillage.
Et Mai ressemblait au serpent qui nage
Dans les canaux, son corps comme une queue
Qui se tortille, à un maquereau bleu
D'écailles qui fend l'eau comme un éclair.
Puis à une pie dans un sous-bois clair,
Sous les feuilles son vol monte et descend,
Qui vole bleue et blanche et crie en volant.

Zij was geheel alleen en hield de wacht
Alleen bij eigen ziel, wat of er ging
Binnen en om en uit dien tooverkring.

Wijl ze zoo mijm'rend bij zichzelve waakte,
Twee jonge goden over zee genaakten
Wedijverend, met flikkerende voeten.
Mei kon ze hooren lachen, 't was als toeten
En stooten op jachthorens toen ze voor
Haar langs gingen omzwierend en een spoor
Van trilling maakten in de zonnestralen.
Zooals twee wielrijders: die doen hun stalen
Raderen wieleren dat licht rondspat,
De cirkels draaien en het witte pad
Glijdt weg: ze loeren op elkanders wielen
En trappen vastberaden, in hun zielen
In nijd en haat, voor 't doel de ééne wint,
Maar de ander haalt weer in en rijdt verblind
Van wanhoop hem voorbij. De laatste trap
Slaakt los menschengejuich en handgeklap —
Zoo snelden ze verder en het zonnelicht
Bedaarde weder. Mei stond opgericht
En keek nieuwsgierig, ademend diep in
Als een ontwaakte en een nieuwen zin
Voelde ze in zich als een zeebries waaien.
Toen vloog ze op van af de wolkenkade
De ruimte in dwars door het zonnelicht,
Want anders was daar niet, ze hield gericht
Gerep der voeten naar den loop der goden.
Wel gingen die veel sneller, 't waren boden
En loopers in het godenland, maar toch
Zag zij ze lang, verdwenen rook ze nog
Olieëngeur die van hun schouders leekte
En in de zon versmolt in damp en weekte
Zich wijder uit, dat was een geur'ge gang.
En Mei geleek nu eens de waterslang
Die door de sloot zwemt, 't lijf gelijk een staart
Al slingerend, dan een makreel, met vaart
Doorschiet die 't water in blauw schubbejak.
Dan weer een ekster onder 't bladerdak
Van helder woud, zijn vlucht daalt en verrijst,
Hij vliegt in 't blauw en wit en vliegend krijscht.

Jusqu'à ce qu'elle arrive où des légions
De flammes montaient la garde, bastions
Oranges de feu, flammes en forêts.
Rien ne crépitait, mais toujours montait
Sans bruit un nouveau brasier de l'ancien :
Des flammes feuilles de palmier, or fin
Des éventails lors d'un bal agités.
Des flammes en rangées comme une armée
Qui envahit le pays ; dans la nuit
Par surprise la montagne endormie
Se couvre à l'infini de feux de camp.
Elle vola dans le feu, l'écartant
Comme un vent d'est fond un trou dans la glace,
Des tonnelles de feu prenaient sa place,
Elle entendait bien leurs langues confuses
Bruire telles des feuilles, mais l'écluse
Des flammes la fit ressortir, quand même
Elle voulait écouter leurs poèmes.

Mai nagea plus loin comme un grand poisson,
Silencieux lui aussi dans les flots profonds.
Son œil était profond et froid, en elle
Veillait l'étonnement, exceptionnel.

Puis elle atteignit les rideaux des cieux
Faits de soie et de soleil, comme ceux
Devant les salles des Chinois : y sont
Tissées des bêtes étranges, griffons,
Vampires, et des dragons rouge sang
Aux langues ourlées et aux longues dents.
À un coup de vent elle vit leurs pattes
Bouger lentement, la soie délicate
Des traînes la suivait en procession
À son entrée, gonflait, et la nation
Des bêtes se dressait aussi, sans fin :
Sans aucun bruit un mouvement au loin.
Tour à tour verdâtre, mauve et carotte,
La toile gonflait, c'était une flotte
De vaisseaux qui cinglait à toutes voiles.

Elle les dépassa, ne voyant pas le
Monde très clair, aveuglés par l'effort
Ses yeux, sa tête remplie, et alors

Totdat ze kwam waar slagorden van vlammen
Branden als in bataille, oranje dammen
Van vuur, als eeuwenoude wouden hoog.
Daar knetterde niets, maar stillekens ontvloog
Telkens een nieuwe vlamvlaag uit de oude:
Vlammen als palmebladen en als gouden
Waaieren in een balzaal langs den wand.
Rijen van vlammen als wanneer in 't land
Een leger vijanden valt en in den nacht
De stille zwarte bergen onverwacht
Bersten van vuren van het groot bivouac.
Zij vloog in 't vuur, dat wijdde als een wak
Zich uit in 't ijs, waar Oostewind op blaast.
Een poos ging ze door vuurprieel, verbaasd
Hoorde ze tongen lispelen en ruischen
Van woorden als van bladen, maar de sluizen
Der vlammen lieten haar toen uit, toen juist
Ze blijvend hooren wou wat of er ruischt.

En verder zwom ze als een groote visch
Die ook stil in de diepe wat'ren is.
Haar oog was diep en koud, verwondering
Waakte beneden in haar, zonderling.

Toen kwam ze bij hemelsche voorhangen
Van zij en zon, zooals de doorgangen
Van zalen der Chineezen zijn: figuren
Er in gesponnen waren vreemde dieren,
Griffioenen, vampyrs, en bloedroode draken
Met kronkeltongen in getande kaken.
Ze zag de pooten bij het openwaaien
Zich traag bewegen, en de zijden baaien
Der sleepgordijnen haar langzame staatsie
Uitzetten en opgolven, en de natie
Der beesten woei mee op, heel eindeloos:
Beweging heel ver weg, geluideloos.
In kleur groen, violet en rozerood
Afwiss'lend zwol het zeil, het leek een vloot
Van stevenende schepen onder zeil.

Die snelde ze voorbij, en toen, terwijl
Ze niets zeer duidelijk zag, want inspanning
Maakte haar oogen blind, het hoofd vol, ving

Une jolie musique l'enveloppa.
Elle tourna la tête ici et là,
Gaie de frayeur, mais ne vit pas grand-chose,
Une fleur, églantier, parfois des roses
Sombres s'élevant d'une roseraie.
Toujours plus de fleurs autour d'elle, mais
Tout lâches, reculant déjà, pas proches ;
Au-dessus d'elle s'accrochaient des poches
D'odeurs de fleurs musicales, fracas
De lourdes eaux au loin, par-ci par là
Un oiseau chantait un chant très perçant.
Avec peine elle avança, un pincement
La gênait autour des bras, d'un coup cent maux,
Devant elle un pré marbré d'un ruisseau.
Sa source moussait comme une glacière,
Le ruisseau en jaillissait et à travers
L'ample pré faisait paître ses clapotis.
Des elfes faisaient de la musique, assis
Les jambes dans l'eau le long de la berge —
Triangles timbrant et cordes en arpèges.

Plus loin, plus loin, le pré devint la lande,
Le terreau plus sombre et la sarabande
Des rayons du soleil inaudible, et
Le grand soir approchant Mai ressemblait
À la chauve-souris, buvant des yeux
La nuit, errant dans les ombres des cieux.
Lente elle ramait vers l'obscurité
Au-devant d'elle en train de chuchoter,
Qui l'englobait dans ses plis et replis.
Nouveau prodige, une foule d'esprits
Apparut, gigantesque, ils rassemblaient
Leur troupeau de mammouths, la nuit tremblait
Comme une montagne dans un séisme.
Les membres lourds, velus, au paroxysme
De l'essoufflement, eux-mêmes buées.
Ils tournaient en rond, sans hâte, poussés
En avant avec de lourds grognements
Et parfois un cri, tout en rappelant
Un bois qui tremble quand des chênes tombent.
Néant, répit. Puis elle vit des trombes
De vapeur jaillir, au galop en grappes
Des cavaliers qui se battaient, leurs capes

Rondom haar een muziek aan, minnelijk.
Ze wendd' het hoofd dan hier, dan daar, van schrik
Verblijd, maar zag niet veel, een enk'le bloem,
Een eg'lantier, en soms het opgedoem
Van donk're rozen uit een rozebosch.
't Werd bloemvoller om haar, maar alles los,
Het week al uit en niets was zeer nabij;
Boven en om haar hing in geur een rij
Lichtende muzikale bloemen, schal
Van zware wat'ren ver af, overal
Een enkel vogeltje, zingend' heel schel.
Ze streefde moei'lijk voort en voelde knel
En dwang om armen, eensklaps vogelvrij,
Voor haar een beekdooraderde bloemewei.
Een bron stond als een koelvat op te schuimen,
Een beek sprong uit dat bed en door de ruime
Weide dwalende weidde hij zijn golfjes.
Muziek makend zaten er engelenelfjes,
De beenen in het water, aan den oever —
Triangels klankten, snaren gonsden doffer.

Voorbij, voorbij, de wei werd als een hei,
Donkerder grond, en zonlicht's melodij
Onhoorbaarder aldoor, een groote avond
Dommelend opdoemend, met duister lavend
Oogen van Mei die nu een vleermuis leek,
Rondzwermend nachtziek in een schaduwstreek.
Heel langzaam roeide zij nu naar het duister
Dat voor haar lag, het lokte met gefluister
En nam haar in zijn vouwe' en plooien op.
Nieuwe wond'ren, want een geestentroep
Schoof daarin voort, reusachtig, en een kudde
Mammouthen drijvend, dat het duister schudde
Zooals de bergen, als de aarde schokt.
Ze waren zwaar gearmd en zwaar gelokt,
Ademden nevels, zelve nevelig.
Ze trokken rond, niet haastig, drongen zich
Zelve en anderen voort met zwaar gesteun
En soms een roep, terwijl een bosch gedreun
Geleek te geven van vallende eikenboomen.
Een leege, stilte. Toen zag zij aandoomen
Woester wolkende damp, te voorschijn reden
Ruiterscharen vechtende, met de kleeden

Lourdes couvrant les croupes des chevaux.
Massues et corps s'abattaient — et de hauts
Cris, et des râles vengeurs — Walkyries
Qui avançaient en se battant, suivies
De nuées de charognards. — Puis silence
Et un bois tremblant au feuillage en transe.

Parmi ces songes de dieux, rêves sans fin,
Au lever du jour Mai chercha son chemin ;
Entre les arbres au loin elle vit
Encore approcher de grands vieillards gris
Et femmes blondes dans les vapeurs claires.
Elle les fuit et chercha la clairière
Qu'elle voyait à travers la forêt.
Le bois disparut comme disparaît
Un train de wagons sur un long viaduc ;
Là tout semblait avenir et caduque
Le passé : une splendeur inconnue
Ouvrait ses portes : l'avait-elle attendue ?

Devant elle une rue flottait, plan d'eau
Entre deux berges d'où se dressait haut
En face d'elle une tour d'un blanc pur,
Faite de blocs de glace, des jointures
L'eau de fonte jaune d'or s'égouttait.
Dans chacun des blocs le soleil brillait
Et la tour dégoulinait d'or fondu ;
La tour s'élevait jusqu'au fin fond du
Ciel azur, mais plus bas sur les créneaux
De gros pigeons se caressaient de haut
En bas, leurs becs durs dans leurs plumes lisses.
Et puis des hommes nus, que n'étourdissent
Pas les hauteurs, claironnaient sur des cors.
Ainsi la tour suintait de l'eau encore
Et blancheurs d'hommes et de pigeons blancs,
Mai planait comme une chaloupe au vent.
Devant le portail de marbre glacé
L'eau coulait du marbre des escaliers
En bruissant, semblait se réchauffer, blême
D'écume, limpide comme un poème
De lumière et d'eau, formait un ballet
D'éclats chatoyants et d'eau qui dansait.

Zwaar hangend om de zwarte paardenruggen.
Knodsen vielen, menschen vielen — en stugge
Krete, en wraakgerochel klom. — Walkuren
Dreven vechtenden voort en breede gieren
Wolkten nog na. — Toen werd weêr alles stil
En groeid' een woud op met dof bladgeril.

En door die godendroomen, droomeheg,
Terwijl het lichter werd, zocht ze haar weg;
Ze zag nog in de verte wezens nad'ren
Tusschen de boomen: groote grijze vad'ren
En blonde vrouwen door den witten damp.
Die vluchtte ze en zocht het open kamp,
Dat zag ze door lichtgroene bladeren.
En 't bosch verdween zoo als op raderen
Een trein van wagens op een lange brug;
Daar leek wel alles toekomst en terug
Zag niemand ooit: een nieuwe heerlijkheid
Opende de poorten: had ze haar verbeid?

Een blanke straat daar voor haar, watervlak
Tusschen twee vastelanden, daaruit stak
Aan d' overkant omhoog sneeuwwitte toren,
Gebouwd uit blokken ijs, van uit de voren
Der blokken lekte het ijswater geel.
In elk blok scheen de zon, en van geheel
Den toren daald' en stroomde watergoud;
De toren was hemelhoog opgebouwd
Tot diep in 't blauw, maar lager op kanteelen
Zaten er groote duiven zich te streelen
Met gladde bekken in het glad geveert.
En naakte mannen zaten ongedeerd
Door duizeling, op de klaroen te blazen.
Zoo stond een toren daar water te wazen
En blanke manne- en duivekleur, terwijl
Mei zacht aanvloog, zoo als een sloep met zeil.
Voor die sublime poort van ijzig marmer
Woelwater brak op marmertrappen, warmer
Leek dat te worden van gebruis en licht,
En beider schuim doorzichtig als gedicht
Uit licht en water, tot een fraai geheel
Van lichtgeflikker en watergespeel.

Cette tour est traversée d'une route,
Qu'elle emprunte, alors que des hautes voûtes
Un chœur de jeunes voix entonne un chant,
Des visages se pressent rouges et blancs
Et se penchent pour suivre Mai en bas.
Elle leur sourit mais presse le pas,
Les entend qui chuchotent des histoires ;
Puis des salles forment un long couloir,
Couloir de lumière ; les parois lisses
S'élèvent à l'infini et finissent
En arc-en-ciel sous le toit transparent.
Le sol est jonché de couleurs tombant
Du haut des coupoles de glace pure.
Et elle regarde à travers les murs,
L'œil attiré par de nouvelles chambres,
S'arrêtant parfois il lui semble entendre
Chanter Balder au loin dans une salle :
Est-ce un rire de cascade luminale ?
Les murs sont-ils faits d'eau, lumière ou glace ?
L'arc-en-ciel a-t-il bâti ce palace
Pour lui tout seul, ou bien sont-ce les chants
De Balder qui en rangées et en rangs
Ont là leurs salles et viennent pour y
Boire et manger leurs propres mélodies ?
Parfois elle voit disparaître au fond
D'un couloir un habit blanc, et son nom
Qu'elle appelle en questionnant se perd là :
Balder, Balder, bruit le long des parois,
Poussé en vagues de clarté tremblantes.
Une salle s'allume, aussi brillante
Qu'au nord la clarté bleue pendant l'hiver ;
Là se dresse une statue solitaire,
Un homme aux yeux ouverts, doigt sur la bouche.
Là tout est silence, seul y débouche
Un vent froid, plaintes dans un bois de pins.
En face elle voit un clair salon plein
De lumière, et une statue de femme,
Ici c'est l'éclat du sud, une flamme
De sang au visage, les pieds en fleurs.
Un doigt sur la bouche et des vents rêveurs
Autour d'elle, s'élèvent ses cheveux blonds
Qui tombent tels des rêves sur son front.
Plus loin, plus loin, ses pas parcourent l'aire

En door dien toren liep een doorgang door,
Daar liep ze door, terwijl hoog van een koor
Bij de gewelven jonge stemmen zongen,
Blanke en roode gezichten zich verdrongen
En overkeken naar den gang van Mei.
Zij lachte wel omhoog maar trad voorbij,
Ze hoorde ze nog fluistren en verhalen;
En toen door lange gang, een gang van zalen,
Vol zalig licht; heel eindeloos omhoog
Gingen de vlakke wanden: regenboog
Van kleuren zeefde het doorzichtig dak.
De vloer lag vol van kleurenlicht, dat brak
Door glaze' en ijzen koepels, eindloos hoog.
En door de muren zag ze, en haar oog
Toog telkens nieuwe zalen in, ze stond
Soms even stil, hoorde zij niet den mond
Van Balder zingen in een verre hal:
Was 't schateren van den lichtwaterval?
Waren de wanden water, licht of ijs?
Hadden de kleuren daar eigen paleis
Gebouwd alleen, of waren het de zangen
Muziek van Balder die in rij en rangen
Hun hallen daar hadden, waar binnen zij
Aten en dronken eigen melodij?
Soms zag ze heel ver in een corridor,
Een wit gewaad verdwijnen, en te loor
Ging dan haar vragend roepen van zijn naam.
Balder, Balder, ruischte langs wand en raam,
En trillend gonsden golven licht het voort.
Eens was een zaal verlicht, zooals het Noord
Is 's winters van het blauwe Noorderlicht;
Daar stond een enkel manbeeld opgericht,
De oogen open, vinger op den mond.
Daar was het heel stil, alleen een vlaag woei rond
Van kouden wind, met pijnboomengejammer.
Aan de overzij zag ze een lichte kamer,
Daar stond een jonger vrouwbeeld opgericht,
Daar was het licht van zuiderzon, 't gezicht
Bloeide van bloed, de voeten stonde' in bloemen.
Een vinger op den mond en winde' als droomen
Vloeiende om haar, zacht vloog 't blonde haar
Omhoog, viel over de ooge' als droomeschaar.
Verder, verder, het voetgetree liep heen

Des couleurs de la glace ou de la pierre,
Semblable au jaspe, au nacre ou au saphir,
Granite rouge ou miroir de porphyre ;
Tout miroite, on dirait que des visages
Y apparaissent, comme le feuillage
D'arbres dans l'eau d'une rivière lente —
Les visions restent, une fois vivantes.
Ici tout est silence, mais un son
Se met à bourdonner dans l'air, un gong
Résonne ainsi dans la nuit en Orient,
Lourd et peureux, comme un peuple riant.
La lumière s'en effraie, s'assombrit,
Puis reprend, et le vol des coloris
Continue sans trêve de haut en bas
Avant de remonter, et elle va
Vers ce son au travers de ces couleurs.
Le son s'assombrit, mais une lueur
D'éclats de rire y point comme la foudre,
Foudres jaunes quand Thor tire de lourdes
Charrettes chargées d'orages ; déjà
Elle entend des sons clairs comme quand à
Tout un peuple quelqu'un s'adresse, ou comme
À l'intérieur d'un carillon résonne
La grêle des battants : les hautes cloches.
Puis elle voit une coupole proche
Où des portes s'alignent, ornées d'or,
Sans bien les voir elle avance et d'abord
Courbe la tête, écoute et veut s'en aller,
Mais reste, ouvre les portes non sans trembler.

Silence. Mai immobile. Une salle
Remplie partout de lumière totale ;
Une rangée d'hommes et la brillance
De verre et d'argent, cercle d'élégance
Autour d'une longue table. Evanouis
Les murs et le toit, des guirlandes fleuries
S'élevaient sur les côtés, du feuillage
Dessus, tremblait un magique éclairage.

Derrière au loin, assis sur un rocher,
L'air petit comme un glaçon détaché
De la banquise, un vieil homme barbu
Se leva, verre à la main, ayant vu

Over de kleuren, 't waren ijs of steen,
Het leken jaspis, parelmoer, saffier,
Moorsch rood graniet, en spiegelend porfier;
Alles was spiegelend, het leek alsof
Daarin gedaanten schemerden, als loof
Van boomen in rivier die langzaam trekt —
Want elk beeld bleef daar leven, eens gewekt.
Het was daar stil, maar door de stilte drong,
Begon te gonzen een geluid, een gong
Wordt zoo gehoord in zwart Indischen nacht.
't Was zwaar en bang alsof een heel volk lacht.
Het licht verschrikt' er van, verdonkrend even,
Maar lichtte toen weer, en het kleurenzweven
Ging ongestoord van boven naar benee
Weer door en weer naar boven, en ze glee
Ook door die kleuren naar dat gonzen heen.
't Werd zwaarder, maar er flikkerde doorheen
Als stralen bliksem soms een schaterlachen,
Als geele bliksems wen den donderwagen
Thor trekt met onweersvrachten; maar allengs
Hoorde ze helle klanken of een mensch
Spreekt tot een volk, of boven het gelui
Van 't heele carillon, de zware bui
Van klepelslagen: damiaatjes hoog.
En eindlijk ziet ze waar in koepelboog
Een span van poorten staat met goud getuigd,
Die ziet ze niet maar loop snel aan en buigt
Het hoofd eerst even, hoort en wil heenloopen,
Maar blijft en bevend doet de deuren open.

Stilte. Ook Mei stond stil. Dat was een hal
Schel schaduwloos licht, 't kwam van overal.
Een rij van mannen en een schittering
Van glas en zilver, in een breeden ring
Om lang gestrekte tafel. Dak of wanden
Waren niet zichtbaar, bloemen in guirlanden
Omhoog, terzijde, en gesponnen loover
Boven, terzij, met boomenlichtgetoover.

Diep heel ver achter in zat op een rots,
Klein leek die in de verte als een schots
Van ijs in zee, een oud gebaarde man, die
Stond op, bokaal ter hand, en uit verschie

Mai de loin il dit ces mots, parlant fort —
Tous se levèrent, debout aux abords
Des tables, tels qu'en rangées les roseaux
Ploient et balancent au bord d'un ruisseau.
Il dit : « Je vois une colombe dans
Ce nid de pigeons. Veux-tu de l'aide, prends
Le plus vieux, le plus faible et sage, moi.
Qui es-tu ? » Et après un brouhaha
De rires et de verres, Mai chanta
Ce chant — elle était pareille à la femme,
Soprano qui chante au concert, la trame
Des notes sort de sa gorge dans l'air,
En bas les auditeurs s'en désaltèrent,
Les murs pleins d'échos. — Elle aussi chanta :
« Écoutez, vous hommes, regardez-moi,
Écoutez Ô roi au fond de la salle.
La lune est claire, ses rayons s'étalent
En cheveux d'étoiles, claire est la nuit,
Le feu de lune est froid, la nuit d'hiver aussi,
Claire est l'enfant de lune en la salle royale,
La voyez-vous, froide comme la nuit ? »
D'aucuns tremblèrent, l'un d'entre eux prenait
Du vin chaud, mais le silence régnait.
« Vous hommes de ce lieu, écoutez-moi,
Écoutez pétiller ces mots, Ô roi.
Le soleil est d'or, en or sont ses dards,
D'or son vaisseau, d'or ses voiles se moirent,
Doré le soir, dorée l'entrée du port
D'où le soleil appareille à l'aurore ;
Clairs sont ses rayons, clair est son espoir,
L'enfant envoyé par le soleil est d'or.
La voyez-vous, dieux venus de tous bords ?

Fraîche est la lune, chaud est le soleil,
Ensemble dans une salle du ciel.
Je suis enfant de la lune, au froid lunaire,
Je suis la chaude enfant de l'or solaire. »

D'aucuns brisèrent leurs coupes menu,
Tous criaient et la maison entière eut
Un tremblement — Tandis que Mai d'emblée
Déambulait autour de l'assemblée.
Sur son passage tous se retournaient,

Ziende naar Mei galmde hij deze woorden —
Allen verrezen, stonden langs de boorden
Van het banket, zooals de rijen riet
Golvend en buigend waar de stroom vervliet.
Hij sprak: 'Ik zie een duifje in dit nest
Van doffers, wenscht gij iets, dan waar het best
Gij zocht den oudsten, zwaksten, wijsten, mij.
Wie zijt ge?" En nadat de mannenrij
Schatering en bokaalklank stil had, zei
En zong ze dit led uit — het was zooals
Een vrouw zingt in een zaal, uit haren hals
Springen de klanken in de stille lucht,
Benee drinken de hoorders het, geducht
Schallen de wanden. — Zoo schalde haar sopraan:
'Luistert, luistert mannen, ziet mij aan,
Luister o koning van het eind der zaal.
Klaar is de maan, klaar is de manestraal,
Klaar is het starrehaar, klaar is de nacht,
Koud is het manevuur, koude is de winternacht,
Klaar is het manekind, koud als de nacht?
Ziet ge het manekind, koud als de nacht?'
Sommigen rilden, één zett' aan den mond
Den warmen wijn, mar stilte was in 't rond:
'Luistert, luistert mannen van dit huis,
Luister, o koning, naar dit woordgebruisch.
Goud is de zon, goud is de zonnepijl,
Goud is het zonschip, goud is het zonnezeil,
Gulden de avond, dulden de havenmond
Waaruit de zon zeilt, vroeg in den morgenstond;
Hel is het zonlicht, helend het zonneheil,
Goud is het zonnekind, hel die de zonne zond.
Ziet ge het zonnekind, gij die hier woont?

Koel is de maan, heet is de zonnestraal,
Samen wonen ze binnen één hemelzaal.
Ik ben het manekind, zooals de mane koud,
Ik ben het zonnekind, heet als het zonnegoud.'

Toen sloegen sommigen hun bokaal tot gruis,
Allen schreeuwden en het heele huis
Wankelde daverend, — terwijl Mei ging
Dalend en rijzend buiten om den kring.
En allen keken waar ze lang kwam om,

Parlant à son approche, puis muets
Devant elle ; une fois passée, les vieux
Dieux la complimentaient, ceux aux cheveux
Toujours blonds la regardaient sans un mot,
Puis retournaient à leurs plats et leurs pots.
Ils la virent grimper le haut rocher
Où dans sa royale fierté perché
Odin trônait et sa barbe pendait.
Il avait une table à lui seul et
Un à un les dieux venaient le servir.
L'on vit Mai l'atteindre, Odin l'accueillir :
Ainsi une colombe vient s'asseoir
Près du front d'un cheval dans sa mangeoire.

Au banquet participaient tous les dieux,
Mai les regarda tous, jeunes et vieux,
Cherchant Balder, mais il n'y était pas.
La table semblait le ciel lorsqu'on voit
La voie lactée ; ainsi scintillait d'abord
Le bruissement des voix, et parfois encore
Le choc d'un tonneau de vin que l'on roule.
Un éclat de rire courait en houle
Autour de la table, et les têtes hochant
Un silence venait — ce bruit s'entend
Aussi lorsqu'un troupeau de moutons broute.
Scintillement des coupes que veloute
Le vin, les coupes entre des doigts blancs
Comme des fleurs que l'on caresse, les dents
Alignées entre des lèvres de rire,
Cheveux, joues et yeux lustrés de plaisir.
Le repas se poursuivit, cerfs et tonneaux
Furent ouverts, le vin et le sang à flots
Dans verres et plats, tables inondées.
Le vin versé gargouillait et brisée
Une cruche explosa comme une bombe.
Tous hurlaient en trépignant à la ronde.
Lentement leurs corps se mirent à fléchir,
Leurs têtes à dodeliner, les navires
Tanguent ainsi au début d'un orage,
Un grognement comme le vent du large
Cinglant le gréement des bateaux de pêche
Tirant sur l'ancre quand le temps est rêche.
Et sur tout cela brillait un clair éclat

Sprekende als ze aankwam, vóór haar stom;
Was ze voorbij, dan spraken wel de oude
Goden bewonderend, maar wie de gouden
Haren nog hadden, keken haar na, dan
Keerden ze zwijgend weer tot spijs en kan.
Ze zagen haar de steenen van de rots
Beklimmen waar, hoog in zijn koningstrots
Wodan ter neer zat en zijn baard neerhing.
Hij had alleen een tafel en de ring
Der goden brachten hem om beurt de spijzen.
Men zag Mei nadren, en Wodan oprijzen,
Toen zaten ze te samen: als een duif
Zit bij een paardekop in paarderuif.

En aan het maal zaten de goden aan,
Jonge en oude goden. Mei zag z' aan,
En zocht naar Balder, maar hij was er niet.
De tafel leek de hemel als men ziet
Den melkweg; als dat schittren was het bonzen
Der stemmen eerst, met nu en dan het bonzen
Van een nieuw wijnvat in de zaal gerold.
Hier brak er een gelach los en dat hold'
Uitgelaten de tafel rond, dan schudden
De hoofde, dan weer stiller — als een kudde
Van schapen graast, wordt dat geluid gehoord.
De schittering van 't gebekerte omboord
Met wijn, de bekers in de blanke handen,
Als fijngestreelde bloemen, rijen tanden
Tusschen volle lachende lippen, met
Haar, wange' en oogen met een glans gebet.
Het maal ging voort, de herten en wijnvaten
Werden geopend, wijn en bloed gelaten
In glas en schotels, tafels stroomde' er van.
Wijn gorgeld' in de roemers en één kan
Brak en de wijn brak ut als uit een bom.
Allen schreeuwden stampend er rondom.
En langzaam aan begon 't gezwaai van rompen
En 't wankelen der hoofden, schepen dompen
Zoo in de golven als de storm begint,
En morrend brommen als wanneer de wind
Door 't leege touwwerk raast der visschersvloot,
Die op de ankers rijdt in watersnood.
En zoo terwijl rondom een fel licht scheen,

Glorieux, dans lequel ce festin, plus bas,
Semblait une mer houleuse, fléchée
D'éclats de soleil, l'eau grondant, penchée
Vers le vieux dieu Mai demanda enfin,
Lui l'écoutait, regard perdu : « Odin,
Où est le plus beau dieu, oh où est Balder ? »

Comme un arbre s'abat, sa tête fière
Tomba sur son épaule, son œil perdit
Son éclat, d'un coup sec son poing s'abattit
Du haut de la table sur ses genoux.
Il devint plus vieux et elle vit tous
Ses cheveux blanchir et sa peau jaunir.
Les yeux grands ouverts elle vit frémir
Et trembler son corps entier, passer sur lui
Des nuages ; en lui elle entendit
La plainte d'un bovin qui régurgite.
Et tout autour un ouragan se mit
À gémir, l'air noircit, et des grêlons
Claquaient sur les tables, les tonneaux ronds
Et les tonnelets chancelaient, la salle
S'abaissait sous des nuages étales.
Un à un les dieux devinrent muets,
Raidis par la peur, en cercle restaient
Assis comme ils étaient, tandis qu'autour
D'eux les loups du vent hurlaient toujours.
Alors Odin se leva au milieu d'eux,
Un vieil homme aux membres gris, et dit : « Dieux,
Toute joie est à maudire aujourd'hui,
C'est mon fils, c'est Balder, qu'elle poursuit. »
Tous les dieux se courbèrent, soutenant
Leur tête avec leurs bras, et maintenant
L'on n'entendait plus que des pleurs endeuillés.
Et Odin se dressa tel un berger,
Tête basse aussi il tint une harangue :
Complainte — qui trembla sur sa langue.
Dans leurs quartiers les déesses l'entendirent,
Jouant et filant, elles se raidirent
Pour l'écouter, telles des fleurs d'été :
Se levant commencèrent à chuchoter
Doucement, debout en un cercle intime,
Puis avec un froufroutement minime
Elles prirent leurs traînes et en rang

Glorie van licht, waarin het maal beneen
Een zee geleek in 't woelen, waar de zon
Op brandt en flikkert, water gromt, begon
Mei en ze boog zich tot den ouden man,
Die luisterde, stil voor zich ziend: 'Wodan,
Waar is de schoonste god, o waar is Balder?'

Zoo valt een boom om, zoo als van zijn schouder
Zijn hoofd voorover viel, zijn oog werd dof
Terwijl dat viel, zijn handen met een plof
Vervielen van de tafel op zijn knieën.
Hij werd veel ouder en zij zag bezijen
Zijn hoofd vergrijzen en zijn huid werd geel.
Ademloos en grootoogig zag ze, heel
Zijn oude lijf rillen en beven, wolken
Over hem gaan; gekreun zoals het bulken,
Runderebulken, hoorde ze in hem.
Boven en rondom ving orkanestem
Het klagen aan, de lucht werd zwart, en hagel
Begon op tafel klettering, gewaggel
Greep tonnen en okshoofden aan, de zaal
Werd lag door dampen en door wolkgedaal.
Stommer werden de goden, een voor een,
En stijf van schrik, ze bleven nog bijeen
Zitten zooals ze waren, wijl rondom
Als wolvehuilen windeloeien klom.
En midden in dat stommelen rees toen Wodan,
Een oud man met een grijs gebeente: 'Goden,
Zoo sprak hij, heden is al vreugd vervloekt,
Het is mijn zoon, 't is Balder, dien zij zoekt.'
En alle goden bogen zich ter neer,
Steunden de hoofden op de armen, meer
Hoorde niemand dan doffer rouwgeklaag.
En als een herder stond Wodan, en laag
Was ook zijn hoofd gebogen, 't was als zong
Hij vóór: een treurlied — 't gonsde op zijn tong
En de godessen hoorden in 't verblijf,
Spelend en spinnend, en ze zaten stijf
Luistrend als zomerbloemengroepen eerst:
Hieven zich langzaam op en vingen teerst
Gefluister aan, staande dicht bij elkander,
En namen haar gewaden en toen zonder
Geraas of lachen, in een blanke rij

Franchirent comme un vol de cygnes blancs
La haute porte, et les portails franchirent.
Bruissant comme de la neige descendirent
Les marches, écoutèrent aux fenêtres
Et le nom de Balder les fit paraître
Tristes et pleurer où elles se tenaient
En groupes sous les arbres sombres, venaient
S'agenouiller où le sol était ouvert.
Et les plaintes des femmes se mêlèrent
À la douce rumeur des voix des hommes
Comme une source dans un bois d'automne.

Une était triste et muette et c'était Mai,
Qui ne pouvait pleurer, tant elle était
Vide et seule — car disparu l'espoir
Qui avait joué là — et un sang rare
Et froid circulait dans son corps glacial.
Seul un choc dans son épine dorsale,
Quand le vol des déesses vint en trombe
Dans la salle avec des bruits de colombes.
Le nom d'Idoène lui vint à l'esprit,
Chercha des yeux dans leurs rangs, réunies
Comme tant de pigeons sur un perchoir.
Car dans les cheveux d'Idoène la gloire
De Balder devait luire à l'heure actuelle,
Dans son sang ses baisers. Mais parmi elles
Idoène n'était pas, restée au lit,
Où Balder jeune avait couché aussi
Avec elle, où des rêves tels des roses
Avaient fleuri de leurs amours écloses.

Et tandis que le sol tremblait alentour
Et dehors l'orage, et que les dieux toujours
Gémissaient, commença cet échange :
Les mots de Mai piaillements de mésange
Au printemps ; mais ceux d'Odin comme un vent
Dans des feuillages pleins de tremblements.
À son nom l'air était frappé d'effroi,
Ni colonne, ni dieu ne resta droit,
Ni rocher, ni les clôtures des bois.
« Balder, Balder, où est-il, qui le sait ? »
« Disparu d'ici », la voix d'Odin crachait.
« Ne sait-on où il est, s'il reviendra ? »

Als reizende zwanen gingen ze voorbij
Haar hooge deuren en door de portalen.
Ruischende als de sneeuw kwamen ze dalen
De drempels af, de hooge ramen in
En hoorden Balders naam, en leed en min
Deden ze weenen waar haar groepen stonden
Onder donkere boomen, waar ze vonden
Opene vloeren, knielden ze wel neer.
En 't vrouwejamm'ren ruischte er zacht en teer
In 't mannemomplen, zoo als waterwel
Ruischt in de herfstbosschen, droevig en schel.

Eén was er droef en stil en dat was Mei,
Zij kon niet weenen, in zich voelde zij
Leegte en eenzaamheid — want heen was hoop
Die daar had zitten spelen — en 't was verloop
Van koud bloed maakte nu haar lichaam kil.
En zij zat stil en voelde alleen geril
Over haar rug, toen de Asinnevlucht
Vloog in de zaal met duivekengerucht.
Herinn'ring kwam haar aan Idoena's naam
En zoekend keek ze rond waar ze te saam
Hurkten als duiven op den duiveslag.
Er zou wel iets van zijnen zonnedag
Glanzen nog in heur haar en van zijn kussen
haar bloed nog blaken. Maar ze was niet tusschen
De anderen, omdat ze bleef te bed
Waar jonge Balder vroeger kwam en met
Haar sliep, en droome' als opgebloei van rozen
Sproten en stilden haar liefs minnekozen.

En toen terwijl rondom de bodem dreunde
En buiten onweer, en de goden kreunden
En mompelden, ontbloeide dit gesprek:
Mei's woorden wat den lentevogelbek
Ontwelt; maar Wodan's, wie terwijl de boomen
En blaan doen sidderen, de windestroomen.
En telkens bij zijn naam dan werd geslagen
De lucht van schrik en konden zich niet schragen
Noch zuil, noch god, noch rots, noch boomehagen.
'Balder, Balder, waar is hij, wie bergt hem?'
'Van hier verdwenen,' gromde Alvader's stem.
'Weet niemand waar hij is, komt hij niet weer?'

« Nul ne le sait, il ne reviendra pas. »
« N'a-t-il pas dansé, chanté, jeune et gai ? »
« Son ombre danse encore où il sautait. »
« Vous éclairait-il, l'éclat de Balder ? »
« Malheur à moi, il m'a privé de lumière. »
« Les dieux riaient-ils, les déesses aussi ? »
« Avec lui la joie entrait dans nos vies. »
« Était-il le plus blanc et le plus brillant ? »
« Son œil le plus clair, son ton éloquent. »
« Balder, une étoile au ciel, fleur de jour. »
« Balder, oiseau des bois, fameux toujours. »
« Balder, source d'eau, cataracte aussi. »
« Balder, mont solaire et vallon fleuri. »
« Balder, Balder, où est-il, qui le sait ? »
« Plus personne, » la voix d'Odin grondait.
« Idoène n'aimait-elle pas Balder ? »
« Elle aime encore, elle aussi désespère. »
« Le soir venu, comment l'attendait-elle ? »
« Sur un lit de roses, sous la tonnelle. »
« Lui tombait-il, fatigué, dans les bras ? »
« Non, mais il rayonnait, chaussé d'éclat. »
« Auréolé de gloire et odorant. »
« Chaque main telle une lampe brûlant. »
« Balder, sa peau de lis sentait l'olive. »
« Balder, son sang pourpre de couleur vive. »
« Balder, comme un trône son corps si fin »
« Balder, fils de roi, rejeton d'Odin. »
« Balder, Balder, où est-il, qui le sait ? »
« Nous l'ignorons », la voix des dieux grondait.

Et la salle était pleine de mouvance,
De brouillards dans le vent mouvant et danses
De feuilles. L'eau dehors s'écrasait sur
Les fondations, de longues déchirures
De vagues clapotaient jusqu'aux fenêtres.
Ainsi la chaudière à force d'y mettre
Du charbon rugit de flammes et d'eau,
Ainsi le vent chassait de grands troupeaux
De vapeurs devant lui, d'autres derrière.
Odin là-dedans préférait se taire,
Les autres dieux aussi se tenaient coi
Comme des sujets autour de leur roi.

'Niemand weet dat, hij komt hier nimmermeer.'
'Was hij hier jong en blijde en danste en zong?'
'Zijn stem klinkt, schaduw danst nog waar hij sprong.'
'Was 't heele huis niet licht als Balder kwam?'
'Wee mij, wee mij, wien hij het licht meenam.'
'Lachten de goden dan, bloosden godinnen?'
'Met hem trad zaligheid de zalen binnen.'
'Was hij de blankste en de blinkendste?'
'Zijn oog het lichtst, zijn stem het klinkendste.'
'Balder, een hemelster, een dagebloem.'
'Balder, een woudvogel, Walhalla's roem.'
'Balder, van springfontein, een waterval.'
'Balder, een zonneberg, een bloemedal.'
'Balder, Balder, waar is hij, wie weet hem?'
'Niemand meer weer hem,' gromde Alvaders stem.
'Idoena, minde zij dan Balder niet?'
'En nog, terwijl zij ook dit wee geniet.'
'Hoe wachtte zij hem, werd de avond geel?'
'Op rozebed, onder vioolprieel.'
'Hoe kwam hij dan in haren arm, vermoeid?'
'Zóó niet, maar straalgekroond en lichtgeschoeid.'
'Hij had om zich glorie en geuredamp.'
'Elk zijner handen was een lichte lamp.'
'Balder, zijn leliehuid had oliegeur.'
'Balder, zijn prachtig bloed had purperkleur.'
'Balder, zijn lijf zoo als een koningstroon.'
'Balder, een koningskind, een Wodanszoon.'
'Balder, Balder, waar is hij, wie weet hem?'
'Wij weten niet,' gromde der goden stem.

En aldoor was de zaal vol woest gewuif
Van windbewogen nevels en gestuif
Van bladeren. Het water buiten botste
Tegen de fondamenten, en er klotsten
Brokken van golven voor de ramen op.
Zoo loeit de stoomketel na nieuwen schop
Van steenkool en zijn vlam en water razen,
Zooals de wond daar rondging en de wazen
Van dampen voortdreef, nieuwe achter hem.
En Wodan stond daarin en hield zijn stem
Van nu af stil, en ook de goden zwegen
Als mannen om hun koning neergenegen.

Alors : « Hommes, écoutez-moi, dit-elle,
Je l'ai vu : j'apporte de ses nouvelles. »
Au triste jardin le soleil revint :
Le brouillard muet grimpa aux confins
Des arbres, en-dessous tout devint clair.
Comme au soir après l'averse s'éclaire
Un verger, qui s'emplit de diamants
De soleil et de gouttes de pluie, pans
De toiles d'araignées dégoulinantes
Tissant leurs couleurs, les fleurs odorantes.
Encore : « Hommes, écoutez-moi, dit-elle,
Je l'ai vu, j'apporte de ses nouvelles. »
Et de nouveau cela sonna limpide
Et comme une huile calma les vagues, rides
Se propageant encore ici et là
Jusque dans la chambre d'Idoéna.
Et quand elle en goûta l'apaisement,
Elle se leva et but un moment
Le pressentiment de ce qu'elle entendit —
Alors en marmonnant elle sortit.
Elle entra et les vit tous assemblés,
Dieux et déesses, tandis qu'isolé
Odin se tenait grave — et tous brillaient
En groupes mêlés, leurs bouches parlaient,
Elle les vit et leurs rouges visages
Semblaient des fleurs et leurs yeux des présages
De bonheur par leur brillance, et leurs mains
Bougeaient dans l'air et les bords de satin
Et de soie caressaient le sol en traînes.
Ils la virent ; quand les navires prennent
Le large, ainsi aussi ils s'écartèrent,
Seule une resta au fond de cette aire.
Et elle, Idoène, s'approcha de Mai
En chancelant au milieu d'eux, tout près,
Posant le bras sur sa taille, sa face
Lui caressant l'épaule : ainsi s'enlacent
Deux gerbes de blés liées dans un champ.
Dans leurs yeux naquit un vacillement
De regards, et une main caressait
Les cheveux de Mai et elles semblaient
Gazouiller, mais nul ne put les comprendre.
Et l'autre main comme un trésor put prendre
La main de Mai en elle et la serrer,

En toen zei zij: 'Nu mannen luistert nu,
Ik zelve zag hem: breng een tijding u.'
Die zon kwam schijnen in den droeven tuin:
In stilte klom de nevel in de kruin
Der boomen, onder werd het klaar en klaarder.
's Avonds na stortregens wordt zoo de gaard' er
Lichter en lichtst van en vol diamanten
Van zonschijn en van regendroppels, kanten
Van spinneweb, bedruppeld en bekleurd
Weven de stuiken, elke bloesem geurt.
En nogmaals zei ze: 'Mannen, luistert nu,
Ik zelve zag hem, breng een tijding u.'
En weder klonk dat helder uit en stilde
Als milde olie golvemomp'len, rilde
Nog voort en uit en om en vloog toen ook
Idoena's kamer in, en toen zij rook
En proefde stille effenende troost,
Verrees z' en dronk hem in en even poosd'
In voorgevoelen, wat dat voelen meen' —
En murmelde en liep zoo murm'lend heen.
En binnen kwam ze en ze zag ze staan,
De goden en godinnen, wijl Wodan
Alleen stond ernstig — door elkander stonden
Ze daar en blonken en hun open monden
Spraken, dat zag ze en blozende hoofden
Geleken bloemen en oogen beloofden
Vreugde door schittering, en groote handen
Gingen de lucht door, vroolijk, en de randen
Satijn en zij streelden de vloer in slepen.
Zij zagen haar en gingen als de schepen
Ter zij, bij vlootrevue, maar één bleef staan
Heel diep en aan het eind der lichte laan.
En zij, Idoena, wankelde door het midden
Naar Mei en trad dicht aan, en om haar midden
Naar Mei en trad dicht aan, en om haar midden
Legde ze zacht een arm en vleide het hoofd
Aan schouder en langs boezem: vol geschoofd
Staan zoo twee bundels aren op den akker.
En uit haar oogen waakte een geflakker
Van blikken en haar hand begon te streelen
De haren achter Mei en zacht te kweelen
Leken ze iets, verstaan kon niemand dat.
En de andre hand had als een grooten schat

L'embrasser en la levant et compter
Avec sa bouche un à un ses doigts.
Balder, Balder, et la prit dans ses bras
Comme si elle, Mai, était Balder.
Ainsi le vent plie les herbes à terre,
Comme le mot Balder faisait pour elles,
Ainsi que le vent saisit les branches grêles,
Il s'élevait au-dessus de la foule,
Balder, Balder, leurs bras battaient en houle.
« Il vit, dit Mai, je l'ai vu, croyez-moi.
Il vit et chante, j'entendis sa voix.
Ô dieux, un chant de rêve il m'a chanté,
Un rêve de dieux, je n'ai plus été
Moi-même mais lui, lui, un second lui.
J'accompagnai sa voix dans l'infini
Scintillant, m'y suis perdue comme dans
Des lacs de fraîcheur, mélodie, perdant
Tout sens, musique seule, ne sentais
Plus mon précieux moi, perdue, mais fondais
En plusieurs tons, moi-même un long accord.
Je l'entends toujours ainsi et depuis lors
Je lui appartiens pour de bon. Maintenant
Il s'est tu et a disparu, et lent
Mon sang coule à présent, mais y enfouie
L'arche du souvenir y vogue aussi.
Il t'a chantée, Idoène, j'ai cherché
Ta demeure, s'il pouvait s'y cacher. »

Et tous les visages brillaient, radieux
Comme des pommes, et les yeux des dieux
Brillaient tandis que tous regardaient Mai.
Idoène rit et riant se faisait
Soutenir, les bras de Mai autour d'elle.
L'embrassant elle cherchait sa tutelle
Comme la fleur bleue de la tige folle
De la clématite pend sa corolle
Au col élancé d'un vase. Il y eut
Un long silence tandis que tendu
Vers la joie chacun sentait un désir
De crier et de chanter : des soupirs
Oubliés sortaient des gorges serrées.
Finalement la caresse aérée
De doigts sur une harpe se fit entendre,

De hand van Mei in zich en greep en knelde
En kuste ze optillend en ze telde
De vingers een voor een met haren mond.
Balder, Balder, ruischte het en ze wond
De armen om haar, of ze Balder was.
En zoo beweegt in wind het lange gras,
Zoo als wind de takken aangrijpt, schald' er
Hooger en hooger rondom uit den drom,
Balder, Balder, en armen sloegen om.
'Hij leeft, zei ze, hij leeft, want ik zag hem.
Hij leeft en zingt, ik hoorde zijne stem.
O goden, hij zong mij een droomelied,
Een godendroomenlied, ik voelde niet
Mij zelve meer, hem, hem, een tweede hem.
Ik snelde mee en week mee met zijn stem
In blinkende oneindigheid, als in
Koelende meeren, ik was zonder zin,
Muziek alleen, niets van mijn dierbaar zijn
Voelde ik meer, verloren, maar gekwijn,
Gesmelt in tonen, 'k zelf een lang accoord.
Ik hoor hem zoo altijd en heb behoord
Hem na dien tijd en nu altijd, voor goed.
Hij zweeg en is verdwenen en mijn bloed
Stroomt ook weer langzamer, maar diep daarin
Vaart altijd nog het schip herinnering.
Hij zong van u Idoena, 'k heb gezocht
Uw huis, of hij daarin verwijlen mocht.'

En rondom hingen blijde aangezichten
Als appels en de godenoogen lichtten
En glansden, zijl ze allen naar Mei zagen.
Idoena lachte en lachend liet zich dragen
Door even groote Mei die haar omving.
Ze kuste haar en nogmaals en ze hing
Om haar zooals de blauwe bloemerank,
Clematisbloem haar kelk hangt aan de slanke
Aanzwelling van een vaas. Daar was heel lang
Alles heel stil terwijl een ieder drang
Van vreugde in zich voelde en begeerde
Luide klanken en lied'ren: onbeheerde
Zuchten soms vloden uit benauwde keel.
Eindelijk hoorden zij een zacht gestreel
Van vingers langs harpsnaren, want één god

Car l'un des dieux s'en était allé prendre
Dans la chambre de Balder sa cithare,
Ayant forcé la porte : sons épars
Naissaient à l'arrière de l'assemblée —
Et tous luisaient en souriant bouche bée.
Il joua un chant : nul ne se tourna,
Mais chacun d'eux regardait devant soi,
La tête baissée, tintements de sons
Tombant comme des gouttes de boisson.
Puis Odin se leva droit, ses cheveux
Se déployant au-dessus des dieux.
Le chant fini, tous parlèrent ensemble,
Groupés, comme en automne se rassemblent
Les oiseaux pour tramer leur migration.
Tous riaient, et avec une passion
Secrète Idoène surveillait la porte
Dans l'espoir qu'elle s'ouvre et lui rapporte
Son maître, de retour de son voyage.
Il vient, il vit, ainsi chantait sauvage
Son cœur épris, et elle rougissait
Au-dessus du cou et rêveuse offrait
Déjà ses lèvres dans l'espace vide.
Autour d'elle les déesses avides
Volaient auprès de Mai, l'interrogeant
Sur Balder et comment était son chant,
Mais elle se tut et fixa toujours
Idoène avec envie et amour.

Un bal. La foule avança en dansant
Du fond de la salle. Dérangées dans
Leurs loges, des femmes aux boucles blondes
S'y joignirent en riant, bien profondes
Dans leurs robes ; ainsi dans le satin
Les joyaux chatoient, leurs pieds et leurs seins
Semblaient sertis dans leurs robes légères.
En tête Idoène, mariée de Balder,
Sautillant sur le marbre de ses pieds.
Puis tous dansèrent : la foule assemblée
Avançait, les bras et mains en avant,
Les cheveux bouclés en vagues suivant
Par derrière dans l'air. Parfois quelqu'un
Tournait la tête en riant, et comme un
Grelot de messe son rire sonna.

Was stillekens heengegaan en had het slot
Van Balders zale opgebroken en
Zijn cither zich gehaald: te murmelen
Begon dat achter de vergadering —
En allen schemerden van glimlaching.
Hij speelde een lied uit: niemand zag om,
Maar allen voor zich neer, en hielden krom
Het hoofd gebogen, tinteling van klank
Sprenkelde op hen neer, als drupjes drank.
Maar Wodan stond recht op, bewoog het haar
Heene en weer boven de godenschaar.
Toen dat lied uit was spraken allen samen
Zich naar elkander buigend, zoo beramen
De vogels in den herfst hun langen tocht.
En allen lachten en Idoena zocht
Met stil verlangen al de hooge deur,
Of ze niet open ging en haren heer
Doorliet, zoo blank weerkeerend van de reis.
Nu leefde hij, kwam weer, zoo zong een wijs
Haar minziek zingend hart, en zij zag rood
Boven haar hals en kwijnend droomend bood
Ze hare lippen al in leege lucht.
En om haar fladderde de witte vlucht
Asinnen al met Mei en vroeg haar hoe
Het lied van Balder was, maar zij hield toe
Haar mond en sprak niet veel, maar keek altijd
Idoena aan met liefde en met nijd.

Een dans. De heele menigt' danste voort
Van 't eind der zaal. Rondom werden verstoord
Van uit verblijven blond gelokte vrouwen.
Lachende kwamen ze, wèl opgevouwen
In haar gewaden, zoo zijn edelsteenen
Flikkerend in satijn, zooals zij schenen
Met voet en boezem uit heur waden uit.
Vooraan den stoet Idoena, Balder's bruid,
Zij tripte het marmer met haar warme voeten.
Dan dansten allen: en de heele stoeten
Kwamen vooruit, gehande armen dreven
Naar voren en de golven lokken bleven
Meegaan van achter op de lucht. Een enk'le
Wendde het hoofd en lachte, en het tink'len
Klonk als een Roomsche altaarschel. Daarna

Puis venaient les dieux en rangs, un hourra
Retentit : cela venait du grand Thor ;
Là derrière d'autres dieux gris encore.

Odin resta seul, triste et sans espoir.
Quand il fut seul il finit par s'asseoir,
Resta longtemps, lourd et triste à mourir.
Le silence et le souci obscurcirent
Un trou autour de lui, où il s'assit.
La salle s'assombrit et s'assombrit
Tout le banquet, s'assombrit le cerveau
D'Odin, son regard encore un halo.
Il sombra en pensées, deux corbeaux noirs
Se posèrent à ses pieds pour le voir,
Fossoyeurs qui enterrent un corps froid —
Longtemps encore il écouta leurs voix.

Mai resta encore un peu dans la salle
Ténébreuse et brilla comme une étoile,
Regardant pensivement le vieux dieu.
Dehors la foule dansait, et jusqu'à eux
Parvint un rire, et des pas et des mots
À peine audibles, un brouillard en haut
De la salle et le vent qui soufflait un peu.
Elle eut peur comme un enfant est peureux
Auprès d'un vieil homme, seul avec lui.
De sa peur elle se leva et s'enfuit
Sans se retourner, et au loin elle erra
Dans le noir comme un astre plein d'éclat.

Se sentant seule elle a fui plus avant,
Pareille à un mouton qui échappant
Au berger broute seul et peut aller
Où bon lui semble. Elle était fatiguée
De la joie des autres, de son chagrin.
Elle allait lentement, ne voyait rien,
Serrait les dents, il y a du dépit
Dans un cœur lourd devant la joie d'autrui.
Ensuite elle s'arrêta, là derrière
Se trouvait le blanc palais, ses verrières
Et ses tours luisaient, en dedans brillait
La lueur des plaisirs, s'assombrissait
Mai seule : « Ô Balder, comme je chéris

Kwamen de rijen goden, een hoera
Weerklonk dreunend: dat schreeuwde groote Thor;
Daarachter and're goden grijs en schor.

Wodan bleef eenzaam, droef en hopeloos.
Toen hij alleen was, stond hij nog een poos
En zette zich toen neer, zeer zwaar en droef.
En stilte en peinzen maakten toen een groef
Rondom hem donker, waarin hij neerzat.
De zaal werd donker en de gansche schat
Van 't maal werd donker, donker werd het brein
Van Wodan, daar blonk nog zijn oogenschijn.
Hij zonk in peinzen en twee zwarte raven,
Als doodgravers die 't koude lijk begraven,
Vlogen zacht aan en zetten zich voor hem —
Lang nog luisterde hij naar raad en stem.

Mei was daar nog en zat een einde ver
In 't duister en ze blonk er als een ster,
Aandachtig kijkend naar den ouden god.
Buiten danste de menigte en tot
Haar kwam gelach en voetgeschuif en drok
Gepraat flauw hoorbaar, en hoog in den nok
Der zaal hing nevel, gonsde nog wat wind.
En bang en banger werd ze als een kind
Dat voor een oud man wordt, met haar alleen.
En uit haar angst stond ze toen op en heen
Vluchtte ze zonder omzien en ging ver,
Dwalend door 't donker als een lichte ster.

En ze werd eenzaam en ze vluchtte verder,
Een schaap gelijkend dat den boozen herder
Ontkomt en nu alleen graast en weer kan
Een kant opgaan naar eigen wil. Moe van
Anderer blijdschap was ze en eigen leed.
En langzaam liep ze, zag niet, en ze beet
De tanden op elkaar, want er is nijd
In ieders droevig hart bij vroolijkheid.
Ook stond ze nog eens stil, daar achter was
Het blank paleis, het glinsterde van glas
In koepels en in torens, daar was nu
Weer binnen 't licht van vreugde aan, schaduw
Alleen had zij: 'O Balder, ik min meest

Ta riche jeunesse », ainsi son esprit
Se consolait, des flots d'orgueil l'émurent
Soudain et Mai secoua sa chevelure
Comme un gai cheval sa queue, et marchait
Comme un cheval de plus en plus vite. — Et
Partout brûlait la richesse étale
Du feu solaire, incendie sans égal
Qui brûle mais ne se consume pas.
Le feu sans gagner contre un feu se bat.

Et arrivée au milieu de la plaine
Elle réfléchit, se sentit certaine
D'une grande joie en elle, et que ses
Tribulations devaient bientôt toucher
À leur fin — elle approchait maintenant
De sa maison, ses lèvres à l'instant
Quémanderaient son amour, oh un baiser.
Elle approcha, et se sentit bercée
De rêves, comme s'il la berçait, lui.
Comme une plume elle tanguait aussi,
Qu'un cygne aurait perdu sur un étang,
Puis épuisée resta sans mouvement.
Sa présence en elle devint si claire
Qu'alors ses narines se dilatèrent
Comme si elle sentait son odeur.
Elle pensait à la terre et des fleurs
Soudain se créèrent devant ses yeux,
Violettes, primevères, un peu
De rosée s'égoutta des lilas —
Le sentant ainsi Mai s'évanouit là.

Et alors elle s'éleva sans fin,
Étendue en rêve, ainsi l'air est plein
De flocons quand il neige. Et autour de Mai
Les vents coulaient, ses jambes et bras étaient
Profondément enfouis dans leurs odeurs.
Et ses cheveux épars couvraient de leurs
Plis la blanche étendue de sa poitrine,
Bougeant dans le vent des hauteurs voisines.
Elle fut alors vraiment belle car
Son âme était en elle, aucun espoir
N'en sortait plus, oh, comme une vraie fleur.
Où vas-tu maintenant, Mai, qui demeures

Uw jonge rijke jeugd,' dat was haar geest
Een troost, en plots'ling sloeg hoog op in haar
Een golf van trots, ze schudd' het volle haar,
Zooals een vroolijk paard de staart, en liep
Sneller en sneller als een paard. — Daar diep
En breed en hoog was weer de blauwe rijkheid
Van zon- en etherbrand, die zijn gelijkheid
Niet heeft, maar zelf zich brandt en nooit verslindt.
Het vuur vecht daar met vuur, géén overwint.

En toen ze ver was in die vlakte, stond ze
Een lange wijl weer en nadenkend vond ze
Een groote blijdschap in zich, want ze dacht
Nu zekerder dat hare lange wacht
Niet lang meer duren kon — zij zou nu komen
Dicht bij zijn woning, zouden dan haar loome
Lippen om liefde vragen, o één kus.
Ze drong dicht bij hem, voelde droomgesus
Als wiegde hij haar heene en weer weder.
Ze liep ook heen en weer zooals een veder
Verloren op een vijver door een zwaan,
En bijna kwijnde ze en bleef weer staan.
En hij werd in haar tegenwoordigheid
Zoo duidelijk dat haar neusgaten wijd
Zich openden, alsof z' hem voor zich rook.
Toen dacht ze aan de aarde en er dook
Voor hare ooge' een bloemschepping op,
Van violette' en primula's, gedrop
Viel neer van geurdoortrokken avonddauw —
Zoo rook ze hem en kwijnde en viel daar flauw.

En langzaam werd ze toen henengetrokken,
Te droomen liggend, zoo als met al vlokken
Sneeuwbui de lucht doortrekt. En om haar henen
Vloten de murmelwinden, en de beenen
En armen waren diep in geur verhulde.
En heure haren over haar, ze vulden
De blanke vlakte van haar borst, bewogen
Even op wind omwarend in dien hooge.
Toen was ze werk'lijk schoon want hare ziel
Was ganschlijk in haar, geen begeerte viel
Nu meer naar buiten, o een echte bloem.
Waar drijft gij nù heen, gij Mei, die ik noem

Ma possession, qui es depuis longtemps
Mon colombier, où les pigeons dedans
Restent sans bouger, mes pensées, qui volent
Au-dehors ou dedans et se consolent
Pour toi et de toi, Mai, ma bien-aimée.
Ils voudront te suivre, leur envolée
Ne cesse, mais ne vas-tu pas trop loin ?
Je te vois à peine, astre si lointain
Que seul mon faible œil ne peut s'empêcher
De te suivre, mes lèvres sont desséchées.
Où vas-tu, ma bien-aimée, en flottant ?

Ayant flotté ainsi pendant longtemps,
Elle se redressa comme un bouchon
Dans l'eau, dans ses mains trouva un buisson,
Violettes, primevères, et rit,
Sachant que Balder devait être ici.
Elle voletait en rêvant, légère,
Et pensait à lui et à la première
Requête à lui faire, oh juste un baiser.
Elle sentait ses lèvres grésiller
Contre sa bouche, et dans ses doigts à peine
L'écho de ses doigts à lui, son haleine
Faisant bouger ses cheveux, oh sa joue
Contre la sienne et sans rester debout
Comme avant elle poursuivit sa route.
Inconsciente de sensations, mais toute
Emplie du jeu de nombreuses pensées,
Comme les musiciens aiment pincer
Leurs violons peu avant le concert.
Musique en elle qu'elle n'écoutait guère —
Se cachait-elle et ne voulait jouir
Ni entendre les notes s'épanouir,
Se mêlant comme fleurs dans un buisson ?
Mais tandis qu'en elle les émotions
Et les odeurs se mêlent, Balder et
Ses doigts, son odeur, un vent coloré
La couvre et la fait toujours plus rougir
Et des pieds jusqu'aux épaules blanchir.
Vois, Mai s'éveille et se met à marcher
De plus en plus vite, ses pieds tachés
Du feu et des fumées bleues de la nuit.
Elle est gaie, vois comme son regard luit

Mijn eigendom, gij die mijn duiventil
Al lang zijt, in wie alle duiven stil
Neerzitten, mijn gedachten, of ook vliegen
Naar binne' en buiten en zich mogen wiegen
Over u en om u, Mei, mijn lieveling.
Zij zullen u wel volgen, hun gezwing
Wordt nog niet moe, maar gaat gij niet te ver?
Ik zie u haast niet meer, gij zijt een ster
Zoo hoog, het is alleen mijn zwakke oog
Dat u nog volgt, mijn lippen worden droog.
Waar drijft gij nu toch heen, mijn lieveling?

Toen ze zoo lang gedreven had, toen ging
Ze overeind weer, zóó, zooals een duiker
Te water, in haar handen vond ze een ruiker
Van violette' en primula's en lachte,
Nu wist ze zeker dat ze Balder wachtte.
Ze fladderde ook voort maar droomend traag,
En dacht aan hem en aan de eerste vraag
Die ze hem doen zou, o maar éénen kus.
Toen voelde ze zijn lippen en 't geblusch
Zacht sissen op haar mond, en in haar vingers
Zijn vingertrillingen, in blonde slingers
Der lokken zijnen aêm, en o zijn wang
Nu tegen haren en ze ging haar gang
Weer als zoo even omgevallen verder.
Zij was zich geen gevoel bewust, toch werd er
Aldoor in haar gespeeld door veel gedachten,
Als muzikanten die hun hoorders wachten
En vast probeeren snaren van viool.
Zoo klonk het in haar, die niet hoorde — school
Haar zelf dan weg en wilde niet genieten
En hooren en de toonen zacht zien schieten
Dooreen als strengels struik met bloem begroeid?
Maar toch, terwijl gevoel met geuren stoeit
In haar, vingers van Balder, Balders geur,
Vaart ze vooruit, de voeten voor, en kleur
Waait over haar en maakt haar telkens rooder
En witter van de voeten tot haar schouder.
Zie, nu ontwaakt ze weer en gaat ze loopen
Sneller en sneller, laat de voeten doopen
In schemervuur en rook, zoo is dat blauw.
Ze is nu vroolijk, zie hoe luw en lauw

Calme en riant, elle les voit ensemble,
Elle-même et lui, oh qu'ils se ressemblent,
Elle a serré ses deux bras à son cou.
Elle voit une maison, lui debout
Sur le seuil doré, et elle est couchée
Sur un lit et sent la lumière entrer
Comme un soleil rouge dans la demeure.
Vois ses joues rougir, comme la pudeur
Y attise un feu. Ne le supportant
Pas elle se rendort. — Alors un chant
Revient en elle, qu'elle n'entend pas,
Le chantant pourtant elle-même — D'un bois
Feuillu une source aussi chante à plaisir,
Jaillit mais ne s'entend jamais jaillir.

De la sorte elle navigua longtemps,
Elle ni moi ne sait où ni comment,
Si c'était par sa propre volonté
Ou par l'attrait d'une divinité.
Je n'en sais rien, car pendant ce temps-là
J'étais au fond de toi, Mai, j'étais toi,
Sans rien voir nous sentions au fond de nous
Une chaleur comme un duvet très doux.

Quand elle s'éveilla — n'est-ce pas, Mai ? —
C'était à cause du froid : s'animaient
Des brumes cotonneuses sombrement
Et il y avait là des clignements
Comme d'un grand œil. Et il faisait chaud
Comme près d'un feu, nul écran plus haut
N'empêchait ses yeux de voir les étoiles —
Pourtant les nuages formaient un voile
Tout autour comme des sapins, en bas
Des coussins tels la mousse que vos pas
Foulent au bois, la plus douce au printemps.
« Pas encore ? il n'est pas là ? » Tendrement
Sa joue sourit, aucun besoin encore
D'avoir peur, car n'était-ce pas l'aurore
Qui pointait là ? Oh ça doit être lui.
Elle y flotta, mais la lueur aussi
Avança. C'était d'une grande paix, ça
Aussi : elles allaient ensemble. Et en bas
Les moelleux coussins de brume, et en haut

Ze uit haar oogen lacht, ze ziet hen beide,
Zich zelv' en hem, o nu niet meer te scheiden,
Ze heeft haar beide armen om hem heen.
Een gouden woning ziet ze en zijn schreen
Komen den drempel over, en zij ligt
Over een leger heen en voelt het licht
Alsof de roode zon komt in de kamer.
Zie nu hoe rood haar wangen, hoe de schaam er
Binnen zijn vuur stookt. Zij verdraagt het niet
En droomt weer in. — En daar begint een lied
Weer in haar, dat ze toch niet hoort, hoewel
Ze zelf het zingt — zoo als uit diepen del,
Door loover, oever en door zon bekoord,
Een bronwel springt maar 't springen zelf niet hoort.

Zoo bleef ze varen vele aardsche dagen,
En zij noch ik weet, hoe noch waar, of vlagen
Van eigen willen haar voortdreven, dan
't Begeerend trekken van een godd'lijk man.
Ik weet het niet, want al dien tijd was ik
Diep in u, Mei, u zelf, geen oogenblik
Keken wij rond, maar voelden diep in ons
Een warmte en zachtheid als vogeldons.

En toen zij ontwaakte — is 't niet, Mei? —
Toen was het door een koelte: mijmerij
Van nevelen was daar en het was donker
Van donzig vochte nevel, en het wonk er
Als met heel groote oogen. En 't was warm
Als was een vuur niet ver, er hing geen scherm
Boven haar oogen die de starren zagen —
Maar rondom waren wolken zooals hagen
Van zachte coniferen en beneden
Als kussens mos waarop de voeten treden
In 't bosch als 't lente is, dan zijn ze zachtst.
'Nog niet? was hij er nog niet?' Zoet gelachs
Kwam flauw op haren wang, het was onnoodig
Om nu nog bang te zijn, want werd niet roodig
De scheem'ring daar? O dat zou hij wel zijn.
Zij zweefde er henen, maar die roode schijn
Zweefde ook voort. Ook dat was groote vrede
Voor haar: zij gingen samen. En beneden
Veerden de nevelkussens, en van boven

Il se faisait plus clair, sombre fourneau
Qui s'embrase encore. Alors des figures
De haute taille, au teint blanc, apparurent
Très haut, qui éparpillaient des pétales,
Effeuillant des roses, graines vitales
De lumière, car où elles tombèrent
La brume germa d'épis de lumière
Jusqu'aux épaules de Mai ; elle rit
De l'accueil qu'on leur faisait, elle et lui.

Lentement reculèrent les embruns
De l'ombre brumeuse, les Nibelungs.
Eux tous s'enfuirent de tous les côtés,
Elle vit s'évaporer leur armée.

Et lentement mélodie retentit,
Fleurs de musique, clochettes, petits
Battants frappant des panses comme en verre.
Les cloches et les battants se brisèrent
À chaque volée, car pour un seul son
Étaient nés, la mort leur consolation.

Alors nuages de sons dérivèrent,
Elle ne les vit pas, mais les vit faire
Des bandes et des cercles, s'élever
Au loin, et ne perçut la variété
De leurs sons que par celle de leurs teintes.
Rose tendre étaient-ils et hors d'atteinte
De tout défaut, crevaient haut en pluie dense,
Averses de sons nées dans le silence.
Et ils crevaient en draperies battantes,
En filets drus aux gouttes transparentes
Comme les perles d'un rideau indien —
Près des oreilles, pour les yeux au loin.

Partout des sons lourds et légers fuirent.
Elle sentit tituber son désir,
Comme un enfant qui ne sait pas marcher,
Et comme un homme puissant supplanter
Les autres images de son esprit.
Où est-il, se dit-elle, Balder, puis
Elle put tout voir sans plus écouter.
Comme sur la terre : de tous côtés

Werd het ook lichter, 't werd een donk're oven
Die langzaam aangloeit. Toen de waarden gedaanten
Van hooge taille en licht wit getinte
Heel, heel veel hooger, en die strooiden bladen,
Rozen ontbladerend, het waren zaden
Van licht, want waar ze daalden schoot een oogst
Van koren licht den nevel door, op 't hoogst
Rondom Mei's schouderen; zij was heel blij
Dat zoo ontvangen werden zij en hij.

En langzaam weken alle nevelingen
Van nevellommer, schaduwnevelingen.
Die sloegen alle op de vlucht, rondom
Zag ze vervlieten lichte neveldrom.

En langzaam op begon muziek te tink'len
Bloempjes muziek, klokjes muziek, te kling'len
Klepeltje in klokmantel's glazig huis.
En elke klank splinterde dan tot gruis
En klok en klepeltje, want voor één klank
Waren ze maar geboren, dood tot dank.

Toen gingen henen muziekwolken drijven,
Ze zag ze niet, maar zag ze wèl, beschrijven
Strepen en kringen en zich kalm verheffen
In lichte verte, en ze kon beseffen
Hun klankenrijkdom in hun volle kleur.
Teer rose waren ze en zonder scheur
Noch berst, maar hoog daar barstten ze in regen,
Wolkbreuk van klank, zoo klankloos opgestegen.
En regenden dan neder in gordijnen,
Loodrechte stralen, druppels die doorschijnen,
Als kralen aangerege' aan Indisch riet —
Voor 't oor voorbij, voor oogen ver verschiet.

Henen vloden zware en lichte klanken.
Ze voelde in zich heen en weder wanken,
Als heel jong kind dat nog niet loopen kan,
Haar lang verlangen, en als krachtig man
Verdreef dat and're zielsverbeeldingen.
Was hij er nog niet, dacht ze, Balder, en
Toen kon ze rondzien zonder meer te hooren.
Het leek de aarde, want er stonden koren

Des chœurs de peupliers ne refusant
Pas la lumière, mais la recueillant
Au contraire en tremblant. Et les collines
S'élèvent légèrement, où dominent
Des fleurs en foule. Et plus loin les parois
Des hauts plateaux, d'où s'élancent bien droits
Les chutes d'eau en un saut délié.
Et son désir fut si grand, oubliés
Tous ces objets terrestres dans ses larmes
Et dans son amour, alors sous ce charme
Mai sentit sa présence en chaque objet :
S'approchant d'un arbre le sentit près,
Ouvrant les bras se jeta contre lui
Et l'embrassa, pensant que son esprit
Était là ; un canal était ouvert
Sous les arbres, elle y sauta, très fière
D'y marcher, de forcer l'eau qui luttait.
Elle fut amoureuse de l'air, l'arpentait
À grands pas et le buvait en dedans,
Le mangeait et le caressait, l'attirant
De ses yeux racoleurs, avec passion
Le parcourait pour sentir ses dimensions.
À travers les prés, sur les monts, en haut
Des montagnes et à travers les eaux
Elle parcourut le monde qu'est Balder,
Elle était partout et vit en tout un air
De lui, mais pas lui-même — quand enfin
Dans un vallon elle l'eut sous la main.

Elle l'avala de ses yeux goulus,
Sauta en avant, le saisit, ne voulut
Pas qu'il parle, elle lui scella les lèvres
Des siennes, leur voix muette de fièvre
Ne fut pas entendue, elle se nicha
Près de lui, contre lui, et se pencha
Sur sa poitrine, la gorge tendue,
Étancha sa soif, souffle retenu.
Enfin sa tête retomba, au repos,
Sur son épaule elle éclata en sanglots.

Lui était habitué aux miracles
Des sentiments, aussi à ce spectacle
Put-il rester serein comme il le fit

Van boomen rondom: lichte populieren
Zonlicht niet weigerend, maar met hun slieren
Het schuddende en trillend. En er gingen
Lichte heuvelen hoog en daarvan hingen
Bloemen in menigt' af. En verder hooge
Wanden van hoogvlakten en daarvan bogen
Zich watervallen tot een duizelsprong.
En haar verlangen werd zóó groot, ze kon
Al deze aardsche dingen niet meer aanzien
Van tranen en van liefde, en in waanzin
Voelde ze hem in ieder ding: ze snelde
Op een boom aan, hem denkend, en ze stelde
Zich voor dien, armen open, en ze viel
Tegen dien aan en kuste en een ziel
Voelde ze in hem; in een sloot die open
Langs boomen lag, stortte ze zich, het loopen
Verrukte haar, diep in zijn worst'lend nat.
Toen werd ze op de lucht verliefd en mat
Dien met heel groote stappen en ze dronk
Hem in en at en streelde hem, gelonk
Gaf ze 'm met hare oogen en ze liep
Heel hard door hem, dan volde ze hem diep.
Ze liep door weiden en op heuvelen,
Ze liep op bergen en door wateren,
Ze liep een wereld af door Balders rijk,
Overal was ze en zag zijn gelijk
In alles, maar hem niet — tot dat ze kwam
In één vallei en daar hem zelf innam.

Ze nam en zwolg hem in, in hare oogen,
En sprong vooruit en greep hem en gedoogen
wou ze niet dat hij sprak, ze drukte hem
De lippen met de hare toe, hun stem
Werd niet gehoord, heel lang, ze zat dichtbij
Tegen hem aan en boog zich, en voorbij
Zijn borst, haar hals omhoog, stilde ze zoo
haar dorst, soms snikkend en ter nauwernoo
Ademend. Eind'lijk viel haar hoofd terzij,
En op zijn schouder brak ze in geschrei.

Hij was een man aan wonderen gewoon,
Wonderen van gevoel, en daarom kon
Hij zoo gerust blijven zooals hij zat,

Tandis qu'elle pleurait. Il eut en lui
Bientôt son image, d'elle pleurant,
Se sentit devenir chaud, fermement
L'étreignit dans ses deux bras, la tint
Tout près de lui, pleurant un peu, atteint
Comme si une sœur pleurait en lui.
Puis elle sentit ses larmes, blottit
Sa tête encore en lui et vit un peu
De clarté dans ses pleurs, sécha ses yeux.

Elle alors vit ses lèvres, se tendit
Vers lui pour l'embrasser et il sentit
Son haleine charmante entre ses lèvres,
Haleine de printemps, puis vint la fièvre
Et les visions légères du printemps :
Lui-même fut un printemps et des chants
D'oiseaux l'emplirent comme un arbre à fruits.

Alors elle se sépara de lui,
S'assit à son côté, les yeux baissés.
Quand ses mains le lâchèrent, des pensées
Revinrent chez lui, comme des enfants
Vont au verger, prennent le fruit qui pend,
Le font disparaître, mais ils détrônent
Trop de fruits, l'herbe en devient rouge et jaune.

Et quand enfin en silence elle put
Déverser des mots colorés, non plus
Sans rougir à son tour, ce fut pour lui
Comme après le silence de la nuit
La feinte de l'aube, quand le soleil
Se libère soudain du sommeil
Des marais nuageux, et en soufflant
Donne des couleurs à l'air, l'eau, les champs.

« **J**e ne suis que Mai, ne vis que sur terre,
Soleil est mon père et Lune est ma mère,
Je suis grande à présent, car près de toi.
Oh grandis-moi plus, petite et sans voix.
Oh fais-moi entendre tes mots sans fin
Et oublier tout ce qui m'appartint
De jeunesse et beauté, fais-moi voir nombre
De tes possessions, Ô arbre, en ton ombre.

Terwijl zij uitschreide. En in zich had
Hij weldra ook haar beeld, zooals ze schreide,
En werd zelf warmer en de handen beide
Sloeg hij toen om haar en hield zoo haar vast,
Dicht bij zich, weenen weinig zelf, als was 't
Zijn zusterke, wier weedom bij hem weende.
Toen voelde zij zijn natte tranen, leende
Het hoofd nog meer ter zij en zag weer licht
Door hare trane' en droogde haar gezicht.

Toen zag zij zijne lippen weer, te kussen
Boog zij zich over en hij voelde tusschen
De zijne haren liefelijken adem,
Een lenteadem, en toen kwamen naar hem
Herinneringe' en lichte lentebeelden:
Hij zelf werd als een lente en er kweelden
Vogeltjes in hem als in jongen boom.

Toen week ze weer van hem en zat in schroom
Naast hem, bedremmeld, met geloken oogen,
En toen haar handen hem verlieten, togen
Bij hem weer in gedachten, zooals kind'ren
In eenen boomgaard komen, ze vermind'ren
De hangend' appels, maar er vallen veel
Meerd're beneê, het gras ziet rood en geel.

En toen ze daar in stilte eind'lijk goot
Kleurige woorden, zelf zag ze schaamrood,
Toen was het hem alsof de zon op ééns
Na 't zwijgen van den nacht en het geveins
Der bleeke schemering, uit wolkmoeras
Zich oplaat, blazend, en met zijn geblaas
Kleuren heenspreidt over de lucht, de velden,
't Water, ja, alle dingen ongetelde.

Ik ben maar Mei, ik woon maar op de aarde,
Het waren Zon en Maan, die mij klein baarden,
Nu ben ik groot want nu zit ik naast u.
O maak mij grooter, nòg ben 'k klein en schuw.
O laat mij hooren hier naar uwe woorden,
Alles vergeten wat mij vroeger hoorde
Van jeugd en schoon, maar alles zien wat u
Behoort, o u een boom, in uw schaduw.

Oh deviens un arbre au-dessus de moi
Et permets-moi de me coucher sous toi,
J'entendrai tes feuilles frémir un rêve.
Oh laisse-moi être enchantée sans trêve,
Etre un de tes rêves, oh fais-moi pleine
De toi, un fruit que le soleil entraîne.
Vois, je veux te donner tout ce que j'ai,
Je le fis toujours et je le ferai,
Je crée cent choses dans moi, tout pour toi,
Je suis une mine, de tout en bas
De mes ombres j'extrais de gros joyaux
Et j'en fais des sommets qui sont si beaux
Que le soleil sanglote en les voyant,
Un ruisseau en sort, son éclat coulant
Vers toi, Balder, ainsi je m'ouvre à toi.
Balder, Balder, ne m'as-tu vue parfois
Parcourir la terre, as-tu vu comment
Tous les dieux terriens venaient en m'offrant
Tout ce qu'ils avaient, et ma joie à le
Prendre en riant, ma joie était totale
À le voir miroiter dans un étang
En une chaîne de reflets luisants
Quand sous la lune j'avais tout étendu
Dans l'herbe autour de moi — oh je n'ai plus
Besoin d'y penser, puisque je t'ai.
Puis-je alors aussi boire tes baisers,
Dès lors que tu es assis près de moi,
Grande source de baisers et de joie,
Je t'ai tant désiré chaque nuit dans
Le ciel et sur la terre » — et doucement,
Comme pour savourer dans ces baisers
Toutes ses visions, elle enterra ses
Lèvres dans les siennes, pleura encore
Un peu malgré elle, c'était trop fort.
Et il se laissa bercer par sa voix
Comme un oiseau au soleil ne vole pas
Lui non plus, mais sans aucun but se couche
Et jouit de la chaleur — et sa bouche
L'embrassait aisément parce que Mai
Du chant de ses lèvres rouges l'ordonnait.

Et les voilà assis comme une fleur
À côté d'une autre, tous deux demeurent

O sta nu boven mij zooals een boom
En laat mij liggen onder u, een droom
Verritselen zal ik uw bladen hooren.
O laat mij niets zijn dan ééne bekooring,
Een droom van u, o maak mij altijd vol
Van u, een vrucht die 't zonlicht levend zwol.
Zie, 'k wil u geven alles wat ik heb,
Ik deed het altijd, 'k doe het nog, ik schep
Honderde dingen uit mij, àl voor u,
Ik ben zooals een mijn, uit mijn schaduw
Werp ik te voorschijn groote edelsteenen
En maak er bergen van, de zon kan weenen
Als hij ze ziet, zoo glinstert dat, een beek
Verstroomt daarvan, van licht naar u, zoo breek
Ik mij al heel lang, Balder, voor u open.
Balder, Balder, hebt gij mij zien loopen
Over de aarde nooit, hebt gij gezien
Hoe alle aardsche goden kwamen biên
Aan mij al wat ze hadden, en mijn vreugd
Om 't al te nemen, mij er mee verheugd
En lachend, te weerspiegelen in een plas,
Wanneer de maan scheen en het in het gras
Rondom mij neer te leggen in een keten
Van schittering en straalgebreek — o weten
Wil ik dat nu niet meer, ik heb u.
Mag ik nu ook uw kussen drinken, nu
Gij hier zoo naast mij zit, een groote bron
Van kussen en van spel voor mij, ik kon
Zoo erg verlangen naar u in een nacht
Op aard en in den hemel' — en zeer zacht
Als wilde ze in iedre kus fijn proeven
Al haar verbeeldingen, zoo lang begroeven
Zich hare lippen in de zijne, en
Ze weende weer en kon niet ophouden.
En in haar stem liet hij zich henewiegen,
Zooals een vogel in de zon, niet vliegen
Doet die ook meer, maar drijft zoo doelloos rond
En voelt de zonneschijn — en zijne mond
Kuste gemakkelijk omdat haar roode
Zangerige lippen het aldus geboden.

En toen ze daar zoo zaten als een bloem
En nog een andre, die saam aan den zoom

À l'orée du bois, si proches qu'un vent
Parfois les fait s'effleurer, et l'un sent
Resplendir l'autre, se frottent leurs tiges
Et se caressent, et leurs cœurs se dirigent
L'un vers l'autre et se regardent dans les yeux —
Les voilà assis, tandis que devant eux
Des visions merveilleuses se déroulent
En cadence et en musique et en houles.
Tel est ce pays, où tout ce que pense
Balder apparaît de par sa puissance,
Lui roi et dieu du pays, et s'efface
Dès que de nouveaux sujets le remplacent.
Car tout ce que Mai a vu devant elle
Sont ses sujets à lui, sous sa tutelle,
L'image intérieure de la musique
De son âme ; son chant et sa rythmique,
Mais en-dehors de lui vient un crépuscule
Où des visions de fantômes pullulent.

Ainsi il chantait en silence, et Mai
Sans entendre les vit qui approchaient.

Un troupeau d'enfants sautillants et blonds,
D'un éclat de roses blanc tendre, et ronds
De bras et de jambes, tels les bougies
D'un lustre leurs yeux, et leurs joues rougies
Comme le velours sur des fruits bien mûrs.
Ils se répandent côte à côte sur
Deux rangs : ce sont des garçons et des filles.
Chacun prend la sienne et danse un quadrille
Deux à deux : ainsi les fleurs dans les bois
Où le soleil brille, et l'anémone croît
Ainsi par paires sur les fonds marins.
Une fée apparaît, ils sautent bien
Haut, l'entourent en une ribambelle,
Lui prennent les mains, s'en vont avec elle.

Alors vient le vert clair-obscur du soir,
Vert transparent en bas, minces brouillards
Se formant, duvets de rosée. Tout devient
Plus sombre, le sol disparaît, au loin
Plus haut le ciel nocturne devient visible.
La lune arrive, serait-il possible

Van 't bosch gegroeid zijn, zóódat ze soms raken
Elkaar wanneer de wind waait, en het blaken
Van d'een de ander voelt, de stengels streelen
En wrijven langs elkander en de geele
Bloemhoningharten zien elkaar in de oogen —
Zoo zaten ze en toen terwijl bewogen
Voor hen veel wondere verschijningen
Op maat en melodie en deiningen.
Zoo was dat land waar al dat Balder dacht,
Hij landsheer en landsgod, zich zelve bracht
Te voorschijn en ter wereld en bleef leven
Tot nieuwe onderdanen het verdreven.
Want al die dingen die Mei voor zich zag
Waren zijn onderdanen, zijn gezag,
't Waren de beelden van zijn zielsmuziek;
In hem zijns lieds geruisch op zijn rhytmiek,
Maar buiten hem de levendlichte schemer,
Schimmenafbeeldsels in een spingewemel.

Zoo zaten ze, hij stil muziek te maken,
Zij, zonder hooren, zag ze wel genaken.

Een schaar van kindren springende en blond,
Met teere witterozeschijn en ²rond
Van arm en beenen, oogen als op kronen
's Avonds kaarsvlammen zijn en op de konen
Roode vlammetjes als op vruchtevellen.
Ze breiden zich in rijen en ze stellen
Zich naast elkaar: 't zijn jongetjes en meisjes.
En elk zoekt toen de zijne, met zijn beidjes
Dansen ze toen: zoo zijn de duizendschoonen
Binnen het woud, waar zon schijnt, anemonen
Groeien zoo twee aan twee op zeeëgrond.
Een fee verschijnt, ze springen om haar rond
Opkijkend en ze leunen aan haar beenen,
Grijpen haar handen hoog, gaan met haar henen.

Toen wordt het schemering en avondgroen,
Doorzichtig watergroen beneê, er doen
Zich dons en dunne dauw op. Donkerder
Wordt alles en er is geen grond meer, ver
En hooger wordt de nachthemel zichtber.
De maan komt op, de nevel wemelt, licht er

Que des champignons phosphorescents luisent,
Que des foudres d'été forment des frises,
Que l'air d'étoiles filantes s'irise,
Que la lune essaie d'un coup de faucille
D'en débarrasser les blés qui scintillent ?
L'air est rempli de mensonge et de doute,
S'assombrit lentement et s'y ajoute
La lune, cachant deux poignards acérés,
Il tonne, les nuages sont ballottés.
Silence, et le ciel est plein de noirceur,
Plein de lourdeur, sans lumière, le cœur
De la nuit même ne bat plus, est mort,
Son corps toujours chaud, le noir rouge encore.
Dans ce noir fleurissent des violettes,
Deux fleurs bleues, sur elles ne se projette
Nulle lumière, pourquoi ?, mais la lueur
Vient d'elles-mêmes, luit de l'intérieur.
Elles tressent ainsi tout un tunnel, grand
Berceau fleuri de fleurs bleues, tout autant
Des deux côtés — et alors tout fut prêt
Et attendant elles se regardaient.
Deux êtres pâles alors apparurent,
Serrés l'un contre l'autre, enchevêtrure
Leurs bras passés dessus dessous entre eux,
Leurs têtes rapprochées, avec les yeux
Ils se réchauffent l'un l'autre, en dehors
D'eux il n'y a rien — ils sont seuls. Alors
Un des êtres tient le discours suivant :
« Tu es tout en moi et depuis longtemps
Je t'appartiens, ma vie même est la tienne,
Je suis ton image et tu es la mienne —
Si un enfant naît de moi et de toi
Il sera nôtre, autant à toi qu'à moi,
Car tous deux nous valons l'amour de l'autre,
Moi le tien, toi le mien, tous deux le nôtre. »
Ayant parlé ainsi ils disparurent,
Et les violettes, dans la nuit obscure.

Et la nuit resta autour de Balder
Et de Mai, en lui des sons bourdonnèrent,
Devant ses yeux à elle vacillait
Le décor des pensées qui le hantaient,
Tous deux y erraient dans l'obscurité.

Phosphorisch mos en paddestoel, weerlicht
Het heen en weer van zomerbliksems, vliegt
Het van dwaallichtjes in de lucht, de zicht
Der maan slaat ze verblindend af het graan,
Het starkgekroonde graan, van hare baan?
De lucht is vol van leuge' en twijfeling,
Maar langzaam donkert het, zijn halven ring
Verbergt de maan en haar twee scherpe dolken,
Donder gaat om, aandobberen de wolken.
Stil is het en de lucht is vol van zwart,
Het is vol zwoelte, leeg van licht, het hart
Van de nacht zelve klopt niet meer, is dood,
Het nacht-lijk is nog warm, het zwart is rood.
Violen bloeien uit dat zwarte op,
Twee blauwe bloemviolen, licht valt op
Hen niet, vanwaar? maar zelve hebben ze
Blauw licht in zich, en daarvan lichten ze.
Ze spinnen en vlechten zoo een groot prieel,
Een wieg van blauw gebloemte, evenveel
Aan wederzijde — en toen was het klaar
EN wachtten ze en keken naar elkaar.
Twee bleke wezens traden toen te voor,
Dicht aan elkaar gedrongen, onderdoor
De armen hadden ze elkanders armen.
De hoofden naar elkander, zoo verwarmen
Z'elkander met hun oogen, om hen heen
Is niets — zij tweeën zijn geheel alleen.
En d'eene spreekt en dit zijn hare woorden:
'Gij zijt geheel in mij en ik behoorde
U al zoo lang, ik weet niet meer wat is
Uw of mijn leven, uw gelijkenis
Ben ik, gij mijn — wordt nu een kind geboren
Uit u en mij, dat zal ons toebehooren
Gelijkelijk, omdat wij beide zijn
Elkanders liefde waard, ik uw gij mijn.'
Zoo zeggende verdwenen ze meteen,
En 't donker ging en de violen heen.

En donker bleef het ook om Balder heen
En Mei, in hem een zwaar gegons, er scheen
Voor haar een flikkering van d' achtergrond
Van zijn gedachten en zij waarden rond
Zelve er voor, gewikkeld in het duister.

Et droite elle se mit à chuchoter
De ses lèvres brûlantes ces mots froids :
« Tu es tout en moi et je suis à toi
Depuis longtemps, ma vie même est la tienne,
Je suis ton image et tu es la mienne —
Si un enfant naît de moi et de toi
Il sera nôtre, autant à toi qu'à moi,
Car tous deux nous valons l'amour de l'autre,
Moi le tien, toi le mien, tous deux le nôtre. »

Le tonnerre éclata, gronda, un instant
Des spectres volèrent, s'accroupissant
Ensemble, et la peur les fit sursauter
Et fuir en pleurs, chacun de son côté.
Balder se dressa haut, un roc infini,
Son corps bleu vif, ses cheveux noirs, et gris
Ses mains et ses pieds. Durs comme les pierres
Il dit les mots : « Jamais, jamais », et fier
Il trembla, noir comme un arbre en combustion.
« Jamais », et comme une malédiction
Cela tomba sur la petite Mai
Et sur ses mains et ses pieds qu'elle écartait,
Assise devant lui. Il s'éloigna d'elle,
Loin. Elle sentit le vide et le gel
Tout autour d'elle, aveugle et sans conscience,
Comme on meurt de froid dans une avalanche.

Il se leva, sentit un froid glacé,
Il gela et devint glace, ses pieds
Étaient gris-bleus, et ses mains, et un trou
De glace en lui, une montagne, un bout
Détaché de la banquise polaire
Qui flotte la nuit, veillé par la mer
Dans un silence lunaire et profond.
Il frémit de sa gloire et ses frissons
Descendaient comme d'un grand escalier,
Son corps, ses dents étaient à grelotter
En s'entrechoquant, il rit comme l'eau
L'hiver descend de la montagne en sauts
Hargneux à travers des blocs de glace. Il
Rit bien haut mais ce n'était pas facile.

Puis il se tut, il entendait des chœurs,

En zich opheffend hulde z' in gefluister
Koel, maar haar lippen brandden, ook die woorden:
'Gij zijt geheel in mij en ik behoorde
U al zoo lang, ik weet niet meer wat is
Uw of mijn leven, uw gelijkenis
Ben ik, gij mijn — wordt nu een kind geboren
Uit u en mij, dat zal ons toebehooren
Gelijkelijk, omdat wij beide zijn
Elkanders liefde waard, ik uw gij mijn.'

Donder knalde en rommelde, groote spoken
Vlogen een oogenblik rond en neergedoken
Zaten ze saam, toen schrikten ze weer heen
En vloden hande' omhoog, huilend uiteen.
Balder stond hoog, hij leek een rots, diep blauw
Was heel zijn lijf, zijn haren zwart, en grauw
Handen en voeten. En hij zeide hard
Als steenen, woorden: 'Nooit, nooit, nooit' en zwart
Trilde hij zoo als een verbrande boom.
Hij zei het nog eens: nooit, en als een doem
Viel dat van boven op de kleine Mei
Die hande' en voeten uitgestoken, bij
Zijn voeten zat. En hij ging een eind weegs
Van haar en stond. En om zich kouds en leegs
Voelde ze, en was blind en wist niets meer,
Zooals één, doodgevroren in een sneeuwmeer.

Hij stond en voelde eerst een diepe kou
Of hij bevroor en ijs werd, en blauwgrauw
Waren zijn voete', en handen, en een hol
Van ijs in hem, zooals een berg, een schol
Van ijs die uit de poolzee losgeraakt
Is en 's nachts ronddrijft, en de zee bewaakt
In stilte van de blauwe manestralen.
Hij rilde van zijn grootheid en deed dalen
Zijn trillingen als van een hooge trap,
Zijn lijf, zijn tanden beefden met geklap
Tegen elkaar, hij lachte als het water
Dat 's winters nog op bergen valt, het baadt er
Door ijsbrokken en korsten grimmig. Hij
lachte met klatering, maar was niet blij.

Maar stiller werd hij, want hij hoorde koren,

Chœurs de victoire et sons perdus, qui de leurs
Airs chantaient les héros en chants éclatants,
Clairs et délicieux, alors en rougissant
Apparut sur ses joues une lueur.
Immobile il écoutait les rumeurs,
Ailes et coups de rame de musique,
Vastes battements, le vol magnifique
Des aigles ou bien la respiration
D'hommes larges d'épaules, et de son
Torse aussi des soupirs voulaient sortir :
Comme un taureau formidable mugir,
Souffler des sons et donner de la voix.
Il ne pensa plus à Mai, arpenta
Les cieux, faisant les cent pas, recouvert
D'une traîne de bruit coulant derrière
Ses pieds en un large ressac : prestance
D'un roi qui arpente sa résidence.

Et son pas se ralentit, il revint
Vers Mai assise, et sa pensée retint
L'habit de rumeurs, qui tomba sans bruit
À ses pieds. Sur son âme s'étendit
Alors l'aile d'une vaste douceur.
Une pensée vint recouvrir son cœur,
Ainsi qu'une poule couve un poussin,
Et s'y sentit bien comme au Saint des Saints
Une arche trône lourde et immobile.
Puis entrèrent en rangs, le sol fébrile
Sous leurs pieds nus, des files de prêtresses
Avec de longues flûtes et des tresses
De boucles blondes et de fleurs odorifères.
C'était sa pitié pour Mai, elles tirèrent
Les rideaux et il vit son reflet, assis.
Là où il la sut assise il s'accroupit
Et redevint tel le jeune homme qu'elle
Avait connu. En flots continuels
Il dit ces mots comme un jet de fontaine :
« Il est exclu, Mai, que je t'appartienne.
Moi, Balder, je suis aveugle tu vois,
Ne vois jamais que moi-même et non toi. »
Ce disant il posa ses mains sur ses
Épaules ; comme tôt l'on voit pousser
Une fleur dégelée par le soleil,

Koren van zegelied'ren en verloren
Klanken van solo's, helle heldenzangen,
Hel en verrukkelijk, en op zijn wangen
Omhoog verscheen een helder rooder gloeien.
Beweegloos luistrend stond hij naar 't omroeien,
Vleugel en riemeslagen van muziek,
Breede slagen, zooals van den wiek
Van adelaren of als ademtochten
Van mannen breedgeschouderd, en er zochten
Ook uit zijn borst de ruimte koele zuchten:
Als loeien van een stier, groote geduchte
Geluiden en uitblazingen en woorden.
Om Mei dacht hij niet meer, maar stapte door de
Hemelen, schrijdend heen en weer, gekleed
In een sleepmantel van geluid, die breed
Achter zijn voeten aangolfde: een koning
Omschrijdend door de hallen van zijn woning.

En ook die tred werd langzamer, hij kwam
Weer waar Mei zat, en die gedachte nam
Hem 't kleed geluid af, dat geruischloos viel
Om zijne voeten. Over zijne ziel
Spreidden zich toen zeer zachte vleugelen.
En een gedachte kwam daar als een hen
Over een kuiken, op zijn hart en veilig
Voelde zich dat in rust, zooals in 't heilig
Der heiligen een ark staat zwaar en stil.
Daar traden binnen, dat de vloer geril
Van voetjes kreeg, blootvoet'ge priesteressen
Met lange fluiten, op een rij en tressen
Doorbloemde blonde welriekende lokken.
Dat was het medelij met Mei, ze trokken
Gordijnen weg en toen zag hij haar beeld
Zittende. Waar hij haar wist zitten knield'
Hij neer en werd weer als de jonge man
Als zij hem kende. Uit albasten kan,
Zijn mond, goot hij als balsem deze woorden:
'Nooit kan dit zijn, Mei, dat 'k een ander hoore,
Ik Balder, aan een ander, zie, 'k ben blind,
'k Zie nooit iets dan mijzelf, niet u, mijn kind.'
Dit zei hij en hij legde ook zijn handen
Op hare schouders; zooals in warande
Een bloem al vroeg in 't jaar de zon ontdooit,

Ainsi elle fleurit, le froid sommeil
De sa douleur fondit en flots de pleurs ;
Et elle répéta ses mots, douleurs
Nouvelles : « Je suis aveugle tu vois,
Ne vois jamais que moi-même et non toi. »
Et Balder parla comme un orgue joue
Dans une cathédrale vide, doux
Murmure entre les parois et les voûtes —
Mais qu'à la parole un fracas s'ajoute,
Les sons extraient des secrets du silence,
Creusent aux quatre coins de son essence.
Il dit : « J'ai été comme toi, mais plus
Maintenant, plus jamais, j'ai bien connu
Mon vieux moi, à présent il va mourir.
Voir, voir, c'était jadis tout mon plaisir,
Et d'entendre et de sentir ce qui est
Autour de nous, la chaleur et les frais
Coloris et le souffle qui parcourt
Le monde et qui de l'intérieur entoure
Chaque être et le fait ce qu'il est, pour faire
En lui un four où brûle un feu d'enfer.
Il veut être nourri, le désir cruel,
La bouche ouverte, la main qui harcèle,
Les doigts crochus qui toujours plus s'agrippent.
Il veut tout changer et il pourrit, fripe
Tout ce qu'il touche, il veut que tout soit
Autre que ce qu'il est, il n'aime pas
Ce qui est blanc et permanent, il crée
Et procrée parce qu'il se hait d'emblée,
N'aime pas exister mais veut la mort.
Ainsi Dieu, ainsi les hommes qui pas forts
Restent en vie, s'effritent, en poussière
Tombent l'un après l'autre, un cimetière
De désirs morts et d'ossements arides.
Chaque génération n'a que l'envie de
Partir, se hait, et hait tout ce qui est,
Voulant ce qui vient, furieux et inquiet.

Ils ne sont pas contents des sentiments
Seuls en eux, mais assouvissent l'élan
De leur vouloir, leur fureur d'être eux-mêmes
En créant, et en s'exprimant ils sèment
Le tombeau de ce qu'ils sont un instant

Ontbloeide zij, de koude smart ontdooid'
Ook in de tranen die haar ooge' onvloeiden;
En zij sprak zijne woorden na, die boeiden
Met nieuwen pijnen haar: 'Zie ik ben blind,
'k Zie nooit iets dan mij zelf, niet u, mijn kind.'
En toen sprak Balder deze woorden of
In leegen dom een orgel speelt en dof
Mompelt langs wanden en door de gewelven —
Maar 't spreken klimt tot klaatren, klanken delven
De stilte open en geheimenissen
Uit alle hoeken en de heil'gennissen.
Zoo sprak hij: ''k ben als gij geweest, ik ben
Nu zoo niet meer, als niemand meer, ik ken
Nog wel mijn oude zelf, die gaat nu dood.
Te zien, te zien, dat was mijn vroeger brood
En drinken, en te hooren en te voelen
Wat rondom is, de hitte en de koele
Kleuren en ademhaling, die er gaat
Door heel de wereld en elk wezen laat
Baden door zich en van zijn binnenst maakt
En brandt een oven waar het helvuur blaakt.
Die verlangt naar voedsel, dat is 't wreed begeeren,
De opgesperde kaak, de hand die meer en
Meer grijpt en vingers haakt en grijpend kromt.
Die 't al verandert en verderft wat komt
In zijn bereik, die altijd anders wil
Wat is, die alles hat wat blank en stil
Eeuwiglijk is, die schept en baart omdat
Hij ook zichzelven haat, niet duldend dat
Hij zelf blijft leven, maar den dood begeerend.
Zoo zijn èn God èn menschen, die verweerend
In 't leven staan, en gruizend, en tot stof
Vallen de een na d'ander, een kerkhof
Van dood verlangen en verdord gebeente.
Zij maken nieuw geslacht, verlangend heen te
Zijn zelf, hatende zich, hatend wat is,
Willend wat wordt, in woede en droefenis.

Zoo zijn ze ook niet blij met hun gevoelen
Alleen te hebben in zich, maar ze koelen
Hun willenswoede en zichzelve af
Door scheppingen en bouwen zoo een graf
Voor 't kostbaarste wat ze een oogwenk zijn,

De plus beau. Même Odin rend apparent
Ce qu'il sait et ressent, lui qui abonde
En savoir et sentiment, tout un monde
Porte son nom, mais lui est pauvre, et mort
Sera-t-il avec son monde, un remords
Le ronge déjà, il ne peut trouver
Le bonheur, un loup veut le dévorer.

D'anciens souvenirs me viennent parfois,
Pâles, et je vois du pinacle des toits
De mon palais le vieux monde des dieux
Tel qu'il était jadis, l'envol joyeux
De leurs danses, je les vois en statues
Au rythme de leur musique, et perdue
Dans leur figure est leur identité.
Des buissons fleurissent et en pensée
Je dors sur terre et vois la vaste mer,
Les nuages et comment la lumière
Du ciel un jour se brisa en étoiles,
Brillant maintenant dans leur sombre toile.

Parfois je vois une femme, comme toi
Quand tu es venue et m'as pris dans tes bras,
M'embrassant, consentante et ne voulant
Porter la douleur de tes sentiments,
De ton amour, mais étouffer la flamme
Dont tu jouis pourtant, qui s'amalgame
Dans tes yeux en de si belles couleurs.
J'ai senti comme toi, et tout à l'heure
Je t'ai trompée, mais suis redevenu
Vrai, je sens ce que j'ai toujours voulu.

Écoute, Mai : il erre en chaque vie,
En tout corps, une flamme ressentie
Par tous une ou deux fois, mais pas souvent.
Les gens la nomment l'âme, racontant
Sur elle de bien étranges sagas,
Ne savent rien, ne la nourrissent pas
Et elle meurt seule et à l'abandon.
Les enfants la sentent quand ils se sont
Couchés ; l'on reste longtemps éveillé
À regarder devant soi sans pensées,
Ne sentant rien venir, pas de vision,

En uiten zich. Zoo gaf eens Wodan schijn
Aan wat hij wist en voelde, hij de weter
En voeler, d'allergrootste, en nu heet er
Een wereld naar hem, hij is arm, en dood
Zal hij eens moeten met hen zijn wereld, nood
Voelt hij al voor hen beiden, kan niet vinden
Geluk, een doodswolf zal hen beî verslinden.

Soms komen bleeke oude herinneringen
Nog in mij op en zie ik van de tinnen
Van mijn paleis de oude godenwereld
Zoo als ze was weleer, de vlakte dwarrelt
Van godendans, ik zie hun groote beelden
Op maat van muziek, en in verhulde
Figuren ken ik nog godengedaanten.
Soms bloeien struiken om mij en ik waan te
Slapen op aarde en ik zie de vlakte
Der zee, de wolken en het licht dat brak te
Gruizen eens aan den hemel, waar nu starren
Gesponnen zijn, blinkend in 't blauwe garen.

Soms denk ik aan een vrouw als toen gij kwaamt
Zoo even en mij in uw armen naamt,
Kussend en willend en de smart niet dragend
Van eigen voelen, uwe liefde, vragend
Verandering en blusschen van die vlam
Die gij genoten hadt en die toch nam
De allerschoonste kleuren in uw oog.
Soms voel ik nog als gij en ik bedroog
U zóó zooeven, nu ben ik weer stil
En waar in mij, en voel wat 'k altijd wil.

Hoor mij nu, Mei: er dwaalt in ieder leven,
In ieder lijf, een vlam, elk voelt haar beven
Wel eens of tweemaal, maar niet vele malen.
De menschen noemen ziel haar, ze verhalen
Er lange wondere verhalen van,
Weten niet veel, voeden haar niet en dan
Sterft ze vergeten en alleen gelaten.
Kinderen voelen haar wanneer ze na te
Slapen gegaan te zijn, nog lang òpwaken
Gedacht'loos starend voor zich, want genaken
Voelen ze niets, geen beeld, en ook in hen

Aucune vie en soi ni réflexion.
Mais alors on sent monter et descendre
Sa vie, une respiration reprendre
Dans son cœur, et sous la haute banquise
Vit un nouvel être où l'ancien se brise.

Ainsi la vierge en sa maturité
Le soir repousse dans l'obscurité
La foule d'hommes qui veut apparaître.
Elle s'est bien assise à sa fenêtre
Mais ne voit rien au-dehors, alanguie.
Elle ne pense pas, l'arbre de vie
Est mort, mais alors en jaillit souvent
Une brindille qui s'agite au vent,
Elle tremble, ne supporte pas ce
Qui vit, éclate en sanglots, puis ça passe.

Ainsi les hommes qu'on nomme poètes.
Un jeune homme qui oublie la vie bête
Pendant une heure, un jour, et qui s'écoute
Et entend son vrai moi, la vie qui toute
Jaillit en lui, les actes étonnants
Que le moi profond accomplit, entend
Les vents surchargés de mots incompris.
Il reste ainsi plus d'une heure, séduit.

Cette vie a une image, entends ma joie,
D'un coup j'ouvre la barrière, tu vois,
Regarde passer cette procession
De chevaux à grelots : belle illusion.

Cette image est la musique, car qui
Peut entendre son miracle est conquis,
Libère son âme profonde, brise
Sa vieille vie et dresse par surprise
Le nouveau théâtre d'une vie neuve :
Oh sans images, incompris, sans preuves
D'ombre ou d'apparence, simple éruption
De bulles dans l'air, bulles de savon.

Cette musique n'a rien en commun
Avec les choses, nos sens importuns
Y sont aveugles, sans corps et sans couleur

Schijnt niets te leven of te mijmeren.
Dan voelen ze oprijzen en neerdalen
Hun leven, ademen gaan door de zalen
Huns harts en onder een hoog oppervlak
Leeft een nieuw wezen nu het oude brak.

Zoo zijn de jonkvrouwen, wanneer haar jaren
Vollere zijn en zij de lange scharen
Mannengedaanten 's avonds buitensluit.
Dan zit ze op een stoel, aan hare ruit,
Maar ziet niet uit, haar oogen zijn gesloten.
Zij denkt niet, levensboom is dood, maar loten
Schiet daar het dieper leven en ze voelt
Dat wuiven op windadem en windkoelt,
En huivert, draagt het niet, breekt in geschrei
Haar oogen open, dan is 't weer voorbij.

Mannen zijn zoo die men de dichters heet,
Een jong man zoo, die 't slaafsch leven vergeet
Een uur, een dag lang, en zich zelven hoort
En naar zich luistert, wat geboren wordt
Aan leven in zich en de wondre daden
Die 't dieper zelf bedrijft, en naar beladen
Winden met klanke' en woorden ongehoord.
Zoo zit hij wel een uur, daardoor bekoord.

Dat leven heeft een beeld, hoor mijn geluk,
Zie toe hoe ik den slagboom openruk,
En hoe er doordringt nu een bonte trein,
Paarden met belle' en ruiters: schoone schijn.

Dat beeld dat is muziek, want wie kan hooren
Dien wond'ren schijn weerklinken of te voren
Breekt uit die diepste ziel, en slaat te stuk
Een vroeger leven en zet met een ruk
Een nieuw tooneel op van het nieuwe leven:
O zonder beelden, onbegrepen, neven
Zich zonder schauw of schijn, alléén gewelde
Bobbels van lucht, zeepbellen onverzelde.

Dat is muziek, die heeft met alle dingen
Niets meer gemeen, en alle vreemde zinnen
Zijn blind voor haar, geen vormen en geen kleur

Elle est comme l'air, totale apesanteur
À nos yeux, mais c'est fausse pauvreté.
Elle est la plus douce, les entités
Qui s'épuisent à goûter les saveurs
Du monde entier la boivent et l'effleurent
Du bout des lèvres, la veulent entière —
Elle offre à tous l'oubli et peut tout faire.

L'âme est musique ; ce sont envolées
De sentiments, l'éternelle coulée
De sons généreux, bassins bouillant fort
De tourbillons de vapeur, graines d'or
D'un son parfait, rond, voûtes arrondies,
Bombes de sons, et moissons qui se lient
En gerbes de bruits doux comme du foin.
Boules de neige de musique, la fin
Des glaçons fondant dans leurs flaques d'eau,
Oisillons de musique et rire haut
D'hommes qui éclate : chacun un ensemble —
Peuple de sons où chacun à part semble
Avoir son chant, flotte de mélodies,
Chaque voile à part hissée et partie,
Pluie de sons qui délaisse les hauteurs,
La terre chante une grande rumeur.

Est-elle musique, mon âme en soi
Fut-elle jamais chose hors de moi ?

Mais l'âme n'est rien de tout ça, n'étant
Ni les choses ni les sons, aucun chant
N'est suffisant pour la représenter.
Tout est image, une image d'elle, et
Tôt ou tard devient poussière, elle reste,
Survit seule à la dérive funeste.

Quiconque est son âme est lui-même un Dieu.
Je suis mon âme, moi seul je suis Dieu.
Rien ne peut plus guérir ma cécité,
Mon âme est Dieu, sans image à côté.
Je suis muet, seule existe mon âme,
Pas d'objet ni mot, rien que je réclame.
C'est elle que je veux, que j'ai, seule elle
Peut vivre avec moi ici dans le ciel.

Heeft zij, zij is de lucht gelijk in heur
Afwezigheid voor 't oog en schijnarmoede.
Zij is de liefste, allerliefste, moeden
Die zich moe leefden aan het zien en smaken
Der volle wereld, drinken haar en raken
Haar soms met lippen, willen haar altijd —
Zij geeft van alles hun vergetelheid.

Zielsleven is muziek: dat zijn de volle
Aanzwellingen gevoel, de eeuwig gulle
Uitstroomingen van klank, de volle baden
Kokend in wentelende damp, goudzaden
Van klank, volmaakt, gerond, ronde gewelven,
Bommen van klank, en ook de zoete schelven
Waaiig van licht geluid als stapels hooi.
Sneeuwballen van muziek en uitgedooi
Van klompen ijs smeltend in eigen water,
Vogeltjes van muziek en uitgeschater
Van lachende mannen: elk een heel geheel —
Een volk van klanken waar elk heeft gekweel
Eigen aan zich, een scheepsvloot van muziek,
elk schip heenvarend op zijn zeilewiek,
Regen van klank verlatende de lucht,
Een zinged' aarde met één groot gerucht.

Is zij muziek, is wel mijn eigen ziel
Iets wat ooit buiten mij, mijzelven, viel?

Dat alles is het niet, 't zijn woorden niet,
't Zijn dingen niet, 't zijn klanken niet, geen lied
Verbeeldt de zielsbewegingen genoeg.
Alles is beeld, is beeld van haar, en vroeg
Of laat valt het ineen in stof, zij blijft,
Wat er ook om haar valt en henedrijft.

Wie dùs mijn ziel is, is zichzelf een God.
Ik ben mijn ziel, ik ben de een'ge God.
Er is nu niets meer dat mijn blindheid heelt,
Mijn God, mijn ziel, naast haar bestaat geen beeld.
'k Word stil en niets bestaat meer dan mijn ziel,
Geen ding, geen woord, en niets dat mij ontviel.
Haar wil ik hebben, heb ik, en niemand
Dan zij, mag met mij wonen in dit land.

Je ne veux pas d'avenir ni mémoire,
Elle est toujours semblable, sans déboires
Ni marées, existe sans exception,
Elle vit par sa propre conception. »

Il se leva et Mai vit un flou bleu
Sur sa tête, il brillait, resta un peu
Perdu, les bras ballants, et semblait boire.

Mai sut qu'elle n'avait aucun espoir,
Se mit à sombrer, entendait sa voix
Dans ses oreilles, il n'en restait que ça.

Ik wil geen toekomst, geen geheugen hebben,
Zij is altijd gelijk, zij kent geen ebben
En vloed, zij is eeuwig, alleen, zij is,
Zij leeft door eigene ontvangenis.'

Toen stond hij op en Mei zag een blauw waas
Boven zijn hoofd, zijn aanschijn blonk, als dwaas
Stond hij, de armen uit, en scheen te drinken.

Zij wist dat hij voor haar niet was en zinken
Begon ze langzaam, sneller, en zijn stem
Bleef in haar ooren, dat was al van hem.

CHANT TROISIÈME

C'était la nuit
Quand les nuages vont au cimetière.
J'étais assis au bord de la rivière
Où les saules pleureurs versaient au vent
Des larmes douces-amères d'enfants.
C'était une rivière entre deux digues
Comme il en vient des Alpes et navigue
De l'Allemagne en Hollande à la mer.
L'eau grondait comme en une nuit d'hiver
D'un déversoir, une péniche à voile
Suivait l'eau comme un faucon s'étale
Sur deux ailes, l'éclat carmin d'un phare
Sur sa proue, semblable à un visage noir.
J'entendis des voix par les écoutilles
Du bateau passant écume à la quille.
Je me sentais triste, car je savais
Le triste sort de Mai et je voyais
Dans un brouillard son long et vain périple.
Dans l'air m'entouraient des plaintes multiples,
Je cherchais sa voix mais n'entendais que
Le souffle du vent dans les roseaux secs,
Dans les saules et les bouleaux bruissants,
Et des pleurs doux-amers, comme une enfant
Perdue dans la nuit qui pleure sans plainte.
Les branches clapotaient dans l'eau et mainte
Rumeur gargouillait, au poisson semblable
Qui nage dans la nuit impénétrable.

Et levant les yeux je me demandai,
Où pourrait-elle être ? et j'interrogeai
Chaque nuage passant dans les airs,
— Ils ressemblaient à de grands dromadaires
Traversant le Sahara sablonneux —

III

Het was de nacht
Toen alle wolken te begraven gingen.
Ik zat waar een rivier ging en er hingen
Treurwilgen over mij, waardoor de wind
Zoet en zoel weende tranen als een kind.
Het was zóó een rivier tusschen twee dijken
Als uit de bergen springt en door de rijken
Van Duitschland en van Holland naar zee gaat.
Het water gonsde, als een overlaat
's Winters des nachts van water, en een tjalk
Kwam soms den stroom af als een donk're valk
Op 't tweetal vlerken, met karmijnrood licht
Voor op den boeg; die leek een zwart gezicht.
Menschestemmen hoorde ik uit het luik,
Terwijl het schip voortdreef, schuim om den buik.
Ik voelde mij zeer droevig, want ik wist
het droevig lot van Mei en in een mist
Zag ik nog de vergeefsche lange tocht.
En in de lucht klaagde het om me, ik zocht
Naar hare stem maar hoorde die nog niet.
Wel 't vochtig blazen door het jonge riet
En kleine wilge' en berken van den wind,
En 't zoele en zoete weenen, of een kind
Door 't duister liep en zonder klagen schreide.
De takken plaste' in 't water, tusschenbeide
Slokte het water gorgelend, een visch
Gelijkend, zwemmend in de duisternis.

En toen ik toen de oogen opwaarts sloeg,
Denkend, waar zou ze zijn? en ondervroeg
Elk van de wolken voor de hemelen,
—Ze leken op de groote kemelen
Zooals ze door Sahara dravend gaan —

Quand soudain je la vis venir entre eux.
D'abord comme une étoile à l'auréole
Mourant tout autour, ou comme une folle
Fille du peuple fou des papillons,
Une enfant faisant une imitation
De cris d'oiseaux, de poules et de dindes,
Battant des bras en vain, et enfin, de
La blancheur d'un lis, et pleurant, ma Mai.

Elle arriva, ses pieds pâles tremblaient,
Et s'assit près de moi sur la rive
Tandis que les arbres aux feuilles vives
Frémissaient de frissons comme nos cœurs.
Le mien bouillait de sang, mais sa douleur
La glaçait en dedans, Mai ne disait
Rien, assise en un silence muet
Dans la pluie humide au bord de ce cours
D'eau, dans le rêve d'un arbre au cœur lourd.

Et à la venue du matin ailé,
Quand les soucis fuirent les flots et les
Feuillages, quand le soleil rejoignit
Les oiseaux dans les branchages, le bruit
Du ressac s'égayant, elle parla
Enfin de ce que je savais déjà,
Des mots de Balder, divins, étonnants.
Je devins silencieux, réfléchissant,
Dérouté, mon âme ne pouvait pas
Concevoir ce que serait Mai sans voix,
Sans oreilles, sans désir dans ses yeux
D'autre chose et de plus : nul ne le peut.

Il fit plus chaud et l'ombre s'assombrit
Sous les arbres où nous étions, je pris
Sa main. — Nous suivîmes la digue élevée,
Et parfois restâmes à regarder
Quand un vapeur remontait le courant,
Tirant des barges, comme on voit menant
Tous ses moutons dociles un bélier.
Et ce qui en elle avait sommeillé
S'éveilla et elle sauta en bas
Et cueillit une fleur, la regarda
De haut, serrée contre son corps penché.

Toen zag ik haar opeens tusschen hen gaan.
Eerst als een starre met een schemerschijn
Mind'rend rondom en toen een uit het klein
Fladdergewiekte volk der vlinderen
En toen als eene uit de kinderen
Die vogels nadoen, hoenders en kalkoenen,
Met de armen vliegende vergeefs, en toen 'n
Lelieëbleeke, weenend, mijne Mei.

Haar bleeke voeten trillende tot mij
Kwam ze en zat met mij te zamen aan
Den stroom, terwijl de boomen loofbelaan
Ruischten en rilden als onz' eigen harten.
Het mijne kookte bloed, maar hare smarten
Bevroren haar van binne, en ze zei
Geheel en al niets en zat stil naast mij.
In vochte regen aan dien breeden stroom
En midden in dier droeve boomen droom.

En bij het komen van den rooden morgen,
Toen van het water, uit het loof, de zorgen
Heenvloden en het zonnelicht kwam huizen
Met vogels in de takken en het bruischen
Van golven vroolijk werd, toen zei ze mij
Wat ik al wist, en zei ook rij aan rij
De Balderswoorden, godd'lijk, wonderbaar.
Ik werd een tijd zeer stil en dacht veel, maar
Begreep het niet, want mijne ziel kon niet
Denken wat ze zou zijn, wanneer ze niet
Behoefte had aan oore' en ooge' en wensch
Naar anders en naar meer: dat kan geen mensch.

En warmer werd het en de schaduw kwam
Onder de boomen waar wij waren, 'k nam
Haar hand. — Wij gingen langs de dikke dijken
Waar 't gras langs wuift en soms bleven we kijken
Wanneer een stoomboot ver den stroom opkwam,
Met een sleep schepen, zooals men een ram
Vooraan ziet gaan voor al de tamme schapen.
Ook werd in haar weer wakker wat te slapen
Gegaan was en ze sprong wel naar beneê
En plukte een bloem en stond er droef tevree
Boven te zien en hield ze aan haar borst.

Et toutes les fleurs voulaient étancher
Sa soif et sautillaient, de leurs couleurs
Scintillaient en diffusant leurs odeurs
Dans l'air, mais nous avons continué,
Quitté les berges qui des deux côtés
Endiguaient les larges courants fluviaux,
Entrant dans des champs où était un haut
Peuplier que l'on entendait frémir.
Assis là nous écoutions le plaisir
Des feuilles — tandis que le soleil sur
Nos têtes faisait briller la verdure.

Des vaches meuglaient et des paysans
Venaient traire et faucher, et en grinçant
Les portes d'une ferme s'ouvraient.
Et les ombres des nuages glissaient
Sur les champs, et des taches de lumière —
L'ombre arrivait après les instants clairs.

Puis dans les champs vinrent des ouvriers
Et côte à côte emplirent leurs paniers
De sombres pommes de terre, et rampant
Côte à côte ils avançaient en un rang.
Tout cela nous le vîmes à distance
Quand le soleil augmenta en prestance,
Séchant les couleurs mouillées du matin
Et les faisant luire, dorées enfin,
Les mots des feuilles se taisaient dans l'arbre.

Le calme après-midi : des chiens de garde
Aboyaient quand les gens rentraient manger,
Sautaient contre leur chaîne à aboyer.
Les faucheurs dormaient dans l'herbe profonde,
Le pré taché de leurs chemises blondes.
Les nuages dérivaient hors du ciel,
Sur la terre un grouillement démentiel
De chaleur, le soleil figé sur tout,
La terre une houle animée de remous.

Je me levai et marchai dans le pré
Tantôt devant, tantôt à son côté
Comme un chien suit son troupeau par devant.
Je la fixai — les feuilles répandant

En alle bloemen wilden haren dorst
Toen stillen, en ze trippelden, en kleurig
Vonkte het daar en in de luchten geurig
Ademden ze, wij gingen aldoor voort.
En ook ter zijde af en van den boord
Die weerzijds sluit het breed rivierig water,
En groote velden in en wei, daar staat er
Een hooge boom, een zilverpopulier.
Wij zaten er en hoorden het plezier
Der bladeren — terwijl de zon hoog klom
En boven onze hoofde' het loover glom.

En koeien loeiden en de boeren kwamen
Te melken en te maaien en de ramen
En deuren knersten van een boerderij
En wolken komend vulden met geglij
Van schaduw al de velden en van licht —
De schaduw kwam wanneer het leven zwichtt'.

Arbeiders kwamen ook in de bouwlanden,
En naast elkander zamelden ze de manden
Vol van de donkre aardvrucht en de rij
Gekromde mannen kropen zij aan zij.
Dat alles zagen wij heel ver gebeuren
Terwijl de zon klom en de natte kleuren
Des ochtends drooger werden en opgloorden
Eindlijk van goud en ook de klare woorden
Der bladen boven wij niet meer verstonden.

De stille morgen: òpblaften wachthonden
Toen boeren uit het veld kwamen te schaften.
Ze sprongen aan hun kettingen en blaften.
En maaiers legden zich diep in het gras,
Witte en blauwe hemden in het gras.
De wolken zwierven henen van den hemel,
Boven de aarde was er heet gewemel.
De zon stond roerloos boven uit te schijnen,
De aarde was een warme zee aan 't deinen.

Ik stond toen op en liep in 't weiland rond
Nu voor, dan achter haar, zooals een hond
Nu eens ter zijde en dan voor de kudde.
En telkens keek ik — en de bladen schudden

Du soleil sur elle, rouge et menue,
Assise sans me voir, et ses yeux nus
Scintillant de petits rayons de larmes.
Je marchai là où le pré sous des charmes
Descendait vers un fossé — traînant les pieds.
Là les fleurs que mes pieds ont rencontrées
Se sont balancées, et de guerre lasse
Je marchai sur elles, la tête basse.
Il y avait une femme parmi
Les premiers buissons d'un léger taillis,
Entourée des branches d'un saule droit.
Je la connaissais bien, et elle moi,
On s'est un peu souri, c'était la femme
Qui avait voulu éviter des larmes
Jadis aux yeux encore gais de Mai.
Bras tendu dans une pose à l'arrêt
Elle désigna Mai, et elle dit :
« Elle aussi pleure donc, en ce midi ? »
Je m'approchai et lui ai raconté
Le sort de Mai, et elle, elle a pointé
Encore son bras — tant elle avait mal.
Elle écouta, respira, murmura le
Nom, son nom, quand j'eus fini mon récit.
Nous restâmes muets, son bras aussi
Restait tendu — loin au-dessus de moi.
Nous la regardions, Mai, au loin, là-bas
Sous son arbre, et enfin elle parla :
« Balder et Mai, ce fut un bien beau rêve.
Si cela avait été, une trêve
Serait venue, et tous les démons morts ;
Et qui aurait pu hériter alors
Du monde... mais cela n'a pas été.
La voilà seule à nouveau — délaissée
Comme toutes les femmes sur la terre
Qui l'ont ouï et dont l'oreille serre
Sa voix — je l'entendis, moi aussi pâle
Comme est l'eau qui sous la brume s'étale. »
J'ai tremblé dans le vent frais du printemps,
Nous avons encor regardé l'enfant.
Puis elle est partie, le saule ployait,
Seule sa tête plus haut se voyait.

Ses yeux, quand je suis retourné vers Mai,

Het zonlicht boven haar, zij klein en rood
Zat stil en zag mij niet, haar oogen bloot
Flikkerden door haar tranen kleine stralen.
Ik liep dan voort en waar het eiland dalen
Ging naar een sloot, sleepte ik mijne voeten.
Er stonden bloemen die door het ontmoeten
Met mijne voeten schommelden, ik ging
Boven ze langzaam en mijn zwaar hoofd hing.
Er stond een vrouw tusschen de voorste struiken
Van een licht kreupelboschje, en de sluike
Willegetakken stonden om haar toe.
Ik kende haar wel, en zij mij, en toe
Lachten we flauw elkaâr, het was die vrouw
Die vroeger Mei ontmoet had en geen rouw
Had willen brengen om haar blijde oogen.
Zij hief den arm op en hield zoo lang haar hooge
Houding, ze wees naar Mei en zeide toen:
'Weent zij nu ook, in deze zonnenoen?'
En dichter kwam ik bij haar, en zei haar
Het lot van Mei, zij hield haar arm op waar
Ze haar gewezen had — zoo'n pijn had ze.
Hoorde en ademde en mompelde
Zelf zijnen naam toen ik gesproken had.
En zwijgend stonden we bijeen, ze had
Aldoor haar arm nog uit — hoog boven mij.
Wij beiden zagen haar, ver, van ter zij,
Onder den boom en eindlijk zeide zij:
'Balder en Mei, dat was een schoone droom.
Als dat geworden was, dan konden loom
Wij allen nederzitten en wel sterven
Alle demonen; en wie dan beërven
De aarde zou... maar dit is niet geweest.
Zij zit daar weer alleen — even verweesd
Als alle vrouwen zaten op de aarde,
Die hem eens hoorden en in 't oor bewaarden
Zijn stem — ik hoorde hem, ook ik ben bleek,
Als water is, beneê den mist, der beek.'
Ik rilde van een kouden lentewind,
We stonden nog en keken naar het kind.
Zij ging toen heen, de wilgetakken bogen
Zich om haar, 't hoofd ging boven het bewogen.

Haàr oogen gloeiden toen ik tot haar keerde

Brûlaient, je pus voir qu'elle désirait
Des baisers et de tendres touchers, ses yeux
Consumaient tout le pays et les cieux.
Puis ils s'emplirent de larmes, nichées
Là, elle ne fit rien pour les sécher.

Il se faisait tard et aussi plus froid,
Quand du pré rempli d'ombre émergea
Un léger brouillard. Nous sommes partis
En silence, le soleil plus petit.
Nous retrouvâmes alors le courant
Où l'eau scintillait, où rapidement
Les oiseaux deux à deux rentraient chez eux.
À mon tour j'ai appelé de mes vœux
Mon chez moi, la ville n'était pas loin,
L'obscurité naissait sur le chemin.
Les troncs des arbres puis leurs frondaisons
Rougissaient, puis pourtant l'inondation
De la nuit les couvrit, et seul le ciel
Respira encore un pourpre partiel.
Sur la moitié du ciel un éclairage
Luisait comme un collier de coquillages,
En face dansaient comme des fantômes
Des rougeurs sur les bords de son dôme.

Nous étions à la porte de la ville,
Vîmes sa tour et ses toits de profil
Sur la lueur d'or du vaste océan
Des cieux. Il y avait deux murs flanquant
La porte par où nous sommes entrés.
L'écho de mes pas se mit à chanter
À travers les rues, pas celui des siens.
Le soir était venu et flottait bien
De par les rues et le long des canaux
En obscurité bleue, pas de fanaux
Dans tous les logis où logeait la nuit.
Silencieuses les rues, mais aux appuis
Des fenêtres des femmes, peu en nombre,
Vieille ici, jeune là, fixaient de l'ombre
De leurs chambres la rue moins obscurcie.
Une fois nous parvint la mélodie
D'un violon derrière une maison,
Une fois dans un jardin un pinson

Mijn oogen en ik zag dat zij begeerde
Kussen en teere vingeren, zij brandde
Den hemel met haar oogen en de landen.
Gloeiende tranen vulden toen haar oogen
En zij bewoog zich niet ze af te drogen.

Later werd het en ook koeler toen,
De wei met schaduwen en zich opdoen
Van lichte nevel. En wij gingen heen,
Al stil rondom wijl de zon lager scheen.
Wij zagen toen den stroom ook weer terug,
Waar 't water schitterde, waarover vlug
De vogels trokken twee aan twee naar huis.
Toen dacht ik ook verlangende naar huis
Zij liep met mij, niet ver was meer de stad,
Langzaam donkerder werd het om ons pad.
Der boomen stammen eerst en toen het loover,
Langer gekleurd en rood, maar ook daarover
Sloegen de golven duister en de lucht
Alleen bleef ademen een purpren zucht,
En geele glorie wellen in een glans
Den halven hemel groot, een schellepkrans,
Daartegenover dansten als fantomen
Roode verschijningen op hemelzoomen.

Toen zagen wij voor ons de poort der stad
En toren en daklijnen voor de mat-
Goude verlichting van de breede zee
Des hemels. Muren waren aan de twee
Zijden der poort, waarbinnen wij nu gingen.
En echo's vingen daar wel aan te zingen
Van mijner voeten klank, van hare niet.
De avond was daarbinnen, in 't verschiet
Van straat en gracht hing om het blauwe duister
De schemering en in de huizen huist er
De nacht al of de lampen nog niet brandden.
De straten waren stil, maar aan haar wanden
Waar glazen waren, zat een enkle vrouw,
Een oude hier, een jonge daar, in schauw
Der kamer naar de lichtre straat te zien.
Eens hoorden ik en zij het melodieën
Achter uit huis van snaren van een veel,
Eens uit een tuin het heldere gekweel

Gazouilla, emprisonné dans sa cage.
Et les gens noirs rentraient dans leurs ménages,
Pleins d'espoir mais las comme des bestiaux.
Les tilleuls rêvaient le long des canaux,
Leurs frondaisons bruissaient en grelottant
Quand un fin vent venait en culbutant.

Ma maison était bâtie sur le mur,
Je l'ouvris, et tout le deuil de l'obscur
Intérieur s'éclaircit quand elle entra.
C'était comme la couronne qu'un roi
A laissée dans un quartier noir de suif
Et se trouve dans la maison d'un Juif
Et enrichit sa nuit en scintillant.
Ainsi était-elle ici, éclairant
Le plafond, les recoins noirs souriaient.
La chambre était haute et se balançaient
Les arbres en bas le long de la rue.
La fenêtre était ouverte et tendu
Son visage dehors vers les toits noirs,
Cercueils élevés sur de hauts brancards
Avant l'inhumation sombre et profonde.
Quelques lumières brûlaient à la ronde,
Des spectres dansaient dans les vitres claires.
Et pas loin une tour portait austère
Les noms des douze heures sur son cadran
Délavé, et dans la rue en passant
Elle entendit des hommes qui parlaient.
Un vent odorant, comme si brûlait
À grande distance un bassin d'encens,
Du nectar de rosée en quintessence,
Soufflait fade jusqu'à nous, et le fleuve
Grognait et ronflait pas loin comme un fauve.
J'entendais et voyais tout cela aussi,
Mais mon cœur n'était pas ému ainsi,
Mon ouïe étourdie ni mes yeux mi-clos.
Et je ne pensais pas, des sens nouveaux
Bougeaient en moi tandis que je restais
Assis dans le noir, et mes mains étaient
Moites de peur devant elle, debout
Comme à notre première rencontre, où
Les saules avaient été bleus près de l'eau. —
Nous avions regardé ensemble, un beau

Van lijstervink, die zat gekooid gevangen.
En zwarte menschen liepen met verlangen
Naar huis als moede beesten en de linden
Stonden aan grachten droomerig, gezwinde
Rillingen voeren soms door boomkruinen,
Wanneer een lichte wind kwam tuimelen.

Mijn huis was op den stadsmuur opgebouwd,
Ik deed het open en wat binnen rouwde,
De duisternis, werd licht toen zij intrad.
Het was zooals juweel uit een kroonschat
Die uitbeleend wordt in een donkre wijk
En in het huis ligt van een Jood en rijk
Dat duister maakt met gloed en flikkering.
Zoo was zij daar, de kamerzoldering
Schemerde en de donkre hoeken grijnsden.
Hoog was die kamer in het huis, er deinsden
Boomen beneden aan de lage straat.
Het raam was open en zij had 't gelaat
Naar buiten waar de zwarte daken waren
Als doodskisten gezet op hooge baren
Voor de begrafenis in zwarten grond.
Een enkel lichtje brandde in het rond
En schimmen sprongen langs verlichte ramen.
Een toren stond niet ver af met de namen
Der twalef uren op de wijzerplaat
Flauw zichtbaar, en beneden in de straat
Hoorde ze mannen spreken met elkander.
Een flauwe reukbeladen wind, als brandd' er
Heel ver af wierook ergens in een schaal,
Gestold uit bloemenat en dauw, woei vaal
Voorbij en bij ons in, en de rivier
Gonsde en ronkte niet ver als een dier.
Ik hoord' en zag het ook wel, duizelde
Mijn hart niet zoo in mij en suizelden
Mijn ooren niet en sloten mijne oogen
Niet bijna toe. Ik dacht niet, er bewogen
Nieuwe zinnen in mij, terwijl ik zat
Ver in het duister en mijn handen nat
Waren van angst om haar gestalte, daar
Ze stond zooals ik voor het eerst zag waar
De wilgen blauw waren voorbij den stroom. —
Toen zagen wij te zamen uit, een droom

Rêve émanait de la ville noire
Aux lumières éteintes, comme tard
Un homme aux membres las se traîne au lit,
Visité de rêves, rêvant la nuit.
Je me couchai sans trouver de repos
Et la regardai, les moutons trop gros
Des nuages flottaient à la fenêtre.
— Et je la vis — et les vis disparaître
En troupeau, l'un après l'autre dans l'air.
La lune brillait, qu'on ne voyait guère,
Mais bien les étoiles et leur progrès
Lent au-dessus des maisons — et inquiet
Restait mon cœur, et elle à la fenêtre.
Tout était noir, le silence fit naître
Un désir de sons, de fracas de mots,
D'elle à moi, de moi à elle, un troupeau
De soupirs aux longs costumes traînés.
Le silence essayait de deviner
Le son à venir, elle y réfléchit
Aussi et écouta, la mélodie
Venait déjà, sifflait un rossignol.
Le son venait du silence, parole
Du silence même, comme muette
Naissance de parole qui se jette.

Elle était muette au son d'une cloche
Chanté de la tour, d'abord un tout proche
Et puis beaucoup d'autres voix de métal.
Un arbre de cloches, court récital
D'une vieille tour de sa jeune voix.
Et Mai leva les yeux et l'écouta.
Elle ferma la fenêtre, revint
Éclairer la chambre, serrant les mains,
Et un moment elle tourna en rond,
S'arrêta, s'assit, se coucha en long
À mon côté, son corps tourné vers moi.
Sa proximité soudain m'entoura
Comme une tente de bien-être et d'ombre.
Je vis devant moi deux flammes se fondre
Dans le grouillement de leurs éclairages.
Ses yeux scintillaient, et de son visage
Soufflaient vers moi, sur moi, et m'entourèrent
Ses respirations, et à bras ouverts

Leek 't zwarte stadje daar voor ons te droomen
Met al zijn lichten uit, een man wien loome
leden geleiden naar zijn leger, dan
Droomen bezoeken, een dof droomend man.
En ook ik legde mij toen neer te slapen
Maar sliep niet, en zag haar, en dikke schapen
Van wolken langs den hemel door het raam,
—En haar zag ik — en zij liepen te zaam
Omhoog, ik zag ze een voor een verdwijnen.
De maan scheen, maar ik zag haar niet, wel 't schijnen
Der sterren en toen ook hun tragen gang
Over het huis heen, moeielijk — en bang
Bleef ik van hart, zij doodstil aan het venster.
Alles was donker en de stilte wenscht' er
Klanken en woordgeraas, en aamde zwaar
Van haar naar mij, van mij tot haar, een schaar
Van lange zuchte' in hangende gewaden.
terwijl de stilte peinsde om te raden
Geluid dat komen zou, terwijl ze ried
En peinsde nog en luisterde, een lied
Speelde daar al en floot een nachtegaal.
Het werd geboren uit de stilte, taal
Van stilte zelf, alsof het zwijgen sprak,
Onmerkbaar overgaand in spraak die brak.

Haar bracht te zwijgen ander klokkespel,
gezongen van den toren, door één schel
En toen nog vele andre van metaal.
Een boom van klokken en een kort verhaal
Van de oude toren, met zijn jonge stem.
En Mei keek naar hem op en hoorde hem.
Toen kwam ze binnen en sloot toe het raam
En lichtte door de kamer, handen saam
Hield ze, en liep een tijd lang heen en weder.
En stond toen stil en zat en legde neder
Zichzelve naast me, naar me toe gewend.
En haar nabijzijn maakte als een tent
Over mij heen van veiligheid en schemer.
Voor mij zag ik twee vlammen en gewemer
Voelde ik om mij van dier vlammen licht.
haar oogen blonken, van haar aangezicht
Woeien naar mij, op mij, haar ademen
Met breede armen en omvademen

Venaient caresser mes joues et mon front.
Plus pleines venaient ses respirations
D'une fraîcheur désaltérante, une eau
Profonde me submergea, un ruisseau
D'eau de fonte gonflé par le printemps
Qui en montagne emporte son propre vent.
Et mon corps coula dans cette noyade,
Souffle de sommeil, et dans ces œillades.

Mai restait couchée, comme un soldat mis
À l'avant-garde écoute dans la nuit
S'il entend l'ennemi, pense au foyer,
À tout ce qui est loin, doit se méfier
Pourtant et guette les bruits dans la nuit.
D'abord par la fenêtre elle entendit
Le vol léger des elfes de lumière,
Qui en suspens au-dehors méditèrent
Longtemps sans un mot, puis parla l'un d'eux
Et ils partirent d'un rire joyeux.

Puis vint une vierge : c'était sa sœur,
Qui la regarda, la voyant en pleurs
Du bout des doigts elle sécha ses yeux —
Juin, entourée d'un éclat nébuleux. —

Mais alors un tambour battit en elle
Une marche funèbre — ainsi martèlent
Des soldats un salut pour l'ami mort
Avant de le mettre en terre, où il dort.
Mai sentit le début de la mort froide
En elle, et en elle devenaient roides
Les enfants de l'envie et du désir.
Elle laissa ses longs cheveux couvrir
Sa couche, en tomber, couchée sur le dos.
Sa gorge respirait, respirait haut.
Ses pieds nus, livides, luisaient dans l'ombre
Très loin, et autour de son menton sombre
S'éclairait bleue une haleine de flammes,
Ses mains reposaient côte à côte, trame
De doigts fins sur le couvre-lit tissé.
En elle était une errance lassée,
Comme au soir le vent tourne sans raison,
Comme un enfant qui parcourt la maison

Kwamen zij mij mijn wangen en mijn hoofd.
En voller kwamen ze en loeide' en loofde'
Hun koelte en laafden mij, en een diep water
Maakten ze dompelend, als stroomen water,
Gesmolten en gezwollen door een lent',
Die hare winden naar de bergen zendt.
Daarin verzonk ik en mijn lijf verdronk
In ademen van slaap en ooggelonk.

En zij lag heel stil, als soldaat op wacht,
De voorste voorpost, luist'rend in den nacht
Of hij den vijand hoort, hij denkt aan huis,
Aan veel wat ver is, hoort toch elk gedruisch
Met erg en argwaan breken door den nacht.
Eerst vlogen wel langs 't raam op veereschacht,
Eén veer droeg hen gemakkelijk, lichtelven,
En stonden toen er voor en in zich zelve
Peinsden ze lang en praatten niets, één zei
Toen eind'lijk iets, ze lachten toen voorbij.

Wel kwam een jonkvrouw aan: dat was haar zuster,
En keek op haar, bij 't raam staand' en ze kust' er
Haar vingers voor, hoewel ze d' oogen wischte —
Juni, een lichter licht rondom haar mistte. —

Maar onderwijl sloeg binnen haar een trom
Een doodsroffel — zoo gaan soldaten om
Voor 't laatst met dooden makker eer hij ligt
Onder de aard', verborgen voor het licht.
Ze voelde het begin van kouden dood
In zich en 't was of stierven in haar schoot
De kinderen van wenschen en verlangen.
Ze lag naar boven en ze liet de lange
Lokken ter neer vallen ter legersteê.
Haar boezem ging met adem, adem, mee,
Haar bloote, bleeke voeten blonken in
De schaduw heel ver weg en om haar kin
Lichtte een blauwe ademing van vlam,
Haar handen lagen naast elkander, klam
En fijn gevingerd op 't geweven kleed.
En aldoor was 't of binnen haar omschreed,
Zooals een wind die omgaat 's avonds laat,
Zooals een kind dat 't oude huis rondgaat

Qu'il va quitter, retrouvant un jouet
Ne peut jouer : si grand est son regret.

Mai devint une forêt en dedans,
Comme au cœur de l'hiver lorsque le vent
Souffle en vain et que les troncs et les branches
Se raidissent autour des plaques blanches
D'herbe gelée, et que la lune écrase
De rayons de glace la forêt rase.

Elle frémit et ainsi m'éveilla :
Elle était une fleur qui sous son drap
De neige a froid et ne peut pas dormir,
Mouette blanche dont les pattes virent
Au rouge — je m'appuyai sur mon bras
Et je soufflai, ce qui la réchauffa
Comme jadis, elle une fleur de sang —
Je fis honneur à mon souffle, soufflant
En vagues de sons, plumes de sons frêles,
Chantai un chant et me tus, pourtant elle
Ne dit pas merci, mais m'a regardé
Et dit, sa voix comme pour s'y noyer :
« Tu es comme lui, comme lui ta voix. »
Puis m'embrassant, c'est lui qu'elle baisa
Sur ma bouche, et puis me baisa les yeux,
Mais ses yeux étaient tournés vers les cieux.

Alors l'aube revint et la moue
Du matin commença, couvrant ses joues
De larmes de lumière, simulacres
De gouttes d'argent, une pluie de nacre.
Et enfin tous les rayons du soleil
Qui de bon matin content des merveilles
Apparurent, flambants neufs, faits d'or fin.
Nous vîmes l'éclat des couleurs enfin
Et l'un vit l'autre à nouveau, elle moi,
Moi elle, et de ses cheveux d'or l'éclat.

Et elle eut maint petit mot de plaisir,
Un oiseau matinal, mon seul désir
Fut qu'elle puisse rester avec sa bouche
Fleurie de mots bourgeonnant sur leur souche.
Entre-temps nous regardions au-dehors

Voor hij 't verlaat en nog wat speelgoed ziet,
En er mee staan blijft: 't is zoo groot verdriet.

En 't werd in haar zooals een woud in winter
In vreeselijken winter, als de wind er
Vergeefs blaast en de stijve stamme' en takken
Zich harden ruw en op de open vakken
Bevroren gras, als steen staan en de maan
Zijn straal als ijs stort in de boomenpaan.

Zij huiverde en deed mij zoo ontwaken:
Zij leek een bloem, die onder het sneeuwlaken
Kou lijdt, niet slapen kan van kou en sneeuw.
Of als een vogel, sneeuwwitte zeemeeuw
Met roode pooten — 'k leunde op mijn arm
En ademde op haar en weder warm
Werd ze als immer, zij een bloedebloem —
En toen maakte ik mijn adem tot den roem
Van adem, golfjes klank, veeren van klank,
En zong een liedj' en zweeg, ze zei haar dank
Nog niet, want òp zat ze en zag mij aan
En zei als wou ze in haar stem vergaan:
'Gij zijt als hij, als hij, in uwe stem.'
En toen kuste ze mij, maar kuste hem
Op mìjnen mond, en toen op mijne oogen,
Maar hare oogen waarden in den hooge.

Toen werd het weder morgen en het pruilen
Der schemering begon en toen het huilen
Van grijze tranen licht, en ongedegen
Zilveren druppe', een parelmoeren regen.
En eindelijk daar waren àl de stralen
Der zon, die 's morgens wonderen verhalen,
Splinternieuwe en van fijn goud zijn.
En wij herleefden in der kleuren schijn
En stonden en wij zagen weer elkaar,
Zij mij, ik haar in 't goud van 't hangend haar.

Toen zei ze vele zoete woordekens,
Een vogel 's morgens, 'k had maar éénen wensch,
Dat zij daar blijven kon met haren mond
Waarom zich 't ranken van bloemwoorden wond.
En onderwijl stonden wij uit te zien

Le bleu doré et le rapide essor
Des rayons au-dessus du bleu des toits.
L'air se dora de lumière, au beffroi
D'une église flambait le coq doré,
Ailleurs une girouette affolée
Tournait toujours dans le vent inconstant.
Au loin brillait le ruban d'un courant
Se tortillant dans les prés, où les bœufs
Broutaient sans bouger et les saules, eux,
Bougeaient leurs branches, feuilles en drapeaux.
Ça et là des étangs clairs riaient au
Soleil, riaient aux éclats, laissés là
Par les inondations, et tout l'éclat
Du soleil n'avait pas séché ces mares.
Le bourg était perché sur ses remparts,
Nos regards y volaient tels des ramiers
Ayant fait le tour de leur colombier,
Et nous vîmes les feuilles s'agitant
Aux arbres, lumière verte en dedans,
Au pied d'un tronc le jaune des pavés,
Sur le canal une barge a passé.
Elle proposa d'aller voir en ville
Les travaux et les gens qui y défilent.

Voilà une cour au bord d'un canal,
Plantée d'arbres pleins d'ombre, et un dédale
De minces rayons de soleil dorés
Qui épient avec curiosité
Entre les feuilles, où des poules brillent
D'or brun sur le sol noir, un coq frétille
De ses plumes et redresse sa crête.
Un pont à bascule jaune y prête
Passage à une barge à quille rouge.
L'eau se ride, la couleur de feu bouge
En clapotis tremblants jusqu'au rivage :
Babil mouillé tapotant les boisages.
Pour l'instant silence, nous regardons
Du coin d'une rue : puis l'apparition
D'une femme éparpillant du grain jaune,
La volaille accourt, dévore l'aumône
En caquetant — et une porte alors
Est ouverte, à grands pas un garçon sort.
Le silence revient, le soleil frais

Naar 't gouden blauw en naar het vlugge vliên
Der stralen op en over blauwe daken.
De lucht werd door het licht verguld, te blaken
Stond op den kerktoren de gulde haan,
En hier en daar fladderde een windvaan
Nog wispelturig op onstagen wind.
Heel ver weg vloog en blonk het stroomelint
Wimpelend door de weiden, waar de ossen
Rustig in stonden en de wilgen losse
Takken bewogen en de blaân als vlaggen.
Klare meerplassen lagen er te lachen
En schaterden van zon, de overstrooming
Had ze daar nagelaten en de koning
Der zomerzon ze nog niet opgedroogd.
Het stadje lag met wallen opgehoogd,
Daar vlogen onze blikken in als duiven
Na het omvliegen in hun til, en wuiven,
Wuivelen zagen wij de buitenblaân
Der boomen, binnen groen licht, onderaan
Een enk'le stam de grijz' en geele steenen,
En in de gracht een trekschuit schuivend henen,
Toen vroeg ze mij te zien der menschen stad,
Wat die voor werke' en wezens in zich had.

Daar was een klein plein aan de watergracht
En boombeplant, vol schaduw en aandacht
Van dunne gouden zonnestralen, die
Door olmebladen kwamen met gespie
Nieuwsgierig, waar de hoenderen in blonken
Goudbruin op zwarte aard, de haan te pronken
Zijn dos opschudde en zijn rooden kam.
Een geele wipbrug lag daar en er kwam
Een trekschuit doorglijden vuurrood van kiel.
Het water rimpelde, de vuurkleur viel
Bibb'rend tot aan den oever in 't gekabbel:
Tegen de schoeiing klonk het nat gebabbel.
Nog was het stil, wij zaten toe te zien
Bij een straathoek: er kwamen meerdre liên,
Een vrouw naar buiten, strooiende geel graan,
De hoenders kakelden en vlogen aan
En aten gulzig — en toen ging er open
Een deur en kwam een jongen uitgeloopen.
Stil werd het toen een poos, het zonlicht klom,

Éclaire les pignons, clair et muet.

Un atelier donne sur cette cour,
— Un éclat de soleil grandit le jour —
Il est plein de fraîcheur, en bois sombre
Son plancher et ses combles, et pénombre
De feuillages traverse les fenêtres
Aussi très vieilles. C'est là que pénètrent
De vieux hommes gris pour y travailler.
Là sont des tas de bois : chêne taillé
Et du sapin noueux du nord nocturne.
Chaque artisan en prend, et taciturne
Rabote et tapote en menuiserie,
Affairé dans l'atmosphère assombrie.

Et un autre atelier dans les parages
Est sombre aussi : il est plein de cordages,
De haubans, d'agrès, de palans en bois,
De chaînes d'ancre, et enroulés en tas
Des fils de chanvre. À l'intérieur ouvragent
De vieux tailleurs de voiles, leurs visages
Près de l'aiguille, tout blancs devant leurs toiles.
Nous regardons tout ce qui s'y étale.

La ville, alors que nous allons plus loin,
Baigne de soleil comme si un bain
De lumière s'y versait, les façades
En briques rouges sèchent, l'éclat de
Brumes restées de l'aube s'évapore :
Tristesse de nuit qui restait encore.

Et par les rues nous regardons au loin
Au-delà de la porte le chemin
Comme à travers une vitre : le vent
S'enflamme de lumière, aveuglant
Les mares, les fossés, et la rivière.
Un grand chariot arrive : tire et s'affaire
L'animal de trait, qui bouche la porte.
Voici qu'un troupeau de moutons emporte
Une houle de toisons, un fermier
À cheval arrive au galop, l'acier
Scintille et des garçons se battent et crient,
Leurs sabots claquent, un café s'emplit.

Over de gevels schijnend hel en stom.

Een werkplaats lag er aan dat kleine plein,
De dag was aangegroeid in zonneschijn —
Die was vol koelte en van donker hout
Bevloerd en ook gezolderd en zeer oud
Leken de ramen, waar looflicht door scheen
Door de olmen buiten, en daar kwamen heen
Oude en grijze mannen om te werken.
Er lagen houtstapels: de eikesterken
En 't spleet'ge vurenhout van uit het noorden.
De werklui namen het en zonder woorden
Schaafden en klopten ze met timmering,
Bedrijving in de groene schemering.

En nog een andre was er aan dien kant,
Ook donker: en er voor lag het vol want
En touwwerk en scheepstuig, de houten blokken
En ankerkettingen en rondgetrokken
Gestapeld henneptouw, er binnen zaten
De oude zeilmakers, hun gelaten
Dicht op de naald, in 't wit, voor hen het zeil.
Wij stonden er en keken toe een wijl.

Wij gingen verder terwijl heel de stad
Onder de zon kwam en er als een bad
Zonlicht in omviel, dat de trappengevels
Van rooded steenen droogden en de nevels
Van glans die 's morgens vroeg overal is
Dampten: het overschot nachtdroefenis.

En door de straten zagen wij naar buiten
En door de poorten, die zooals de ruiten
Zijn in het huis: daar vloog de buitenwind,
Laaide het vlammend licht en staarden blind
De plassen zich, de sloten, de rivier.
Daar kwam een groote wagen: het trekdier
Stapte en trok, verstoppende de poort.
Hier een troep schapen, en ze liepen voort
Dat vachten wolzij schommelden, een ruiter,
Een boer te paard kwam aandraven, het tuitt' er
Van flikkering en jongens schreeuwden dol
En vochten op hun klompe', een kroeg liep vol.

Près des remparts il y a des quartiers
Où les toits sont bas, les portes bornées,
De l'herbe dans les rues, hommes absents
Des maisons. La femme est seule, écoutant
Vrombir les ailes des mouches, les pas
Claquer dans la rue, la porte qui bat
Chez les voisins. L'on entend avec force
Touiller la pompe et l'on peut voir le torse
D'une vieille qui étend sa lessive
Mouillée sur la haie, puis vous arrivent
De la maison les cris d'un nourrisson. —
Longtemps nous sommes restés au bastion,
Au rempart où grimpe le chèvrefeuille
Entremêlé de vigne, et qui accueille
Du lierre à son sommet, le bas fossé
Plein d'alluvions par la mer déposées.

Et là elle posa bien des questions,
Qui grimpaient bien haut dans les fins wagons
De sa voix comme en remontant la pente :
Nous parlâmes longtemps, alors que lentes
Les heures sonnaient des tours des églises.
Jamais notes n'ont paru plus exquises
Que celles qui s'élevaient de sa bouche :
Envahissant l'horizon d'une couche
De brumes de pleurs et mon cœur d'un fort
Sentiment. Elle parla de sa mort.

Nous sommes revenus vers la ville —
Le soleil désertait les rues tranquilles
Et à l'ouest il était beaucoup plus bas.
Les rues étaient silencieuses, et là
Les bateaux étaient liés aux canaux.
Les pierres rosissaient sur les linteaux
Autour des vitres embuées d'azur,
Le rideau remontait dans l'embrasure.
Alors l'éclat du jour fut emporté
Comme un roi d'orient qui a visité
Sa ville en pompe et en grand équipage,
Et approche du palais. Son visage
Est mat, jaune et or clair sous l'éventail.
Ainsi le soleil rentra au bercail
Brûlant de lumière en un palanquin

De buurten in die aan den stadswal zijn,
De daken waren laag, de deuren klein,
Gras in de straten, mannen niet tehuis.
Alleen de vrouwen, luist'rend naar 't geruisch
In 't huis van vliegevleugels, naar 't gestap
Van voeten op de straat, en naar 't geklap
Der buredeuren. 't Sling'ren van een pomp
Hoorden wij wel en zagen soms den romp
Van een oud vrouwtje, die het natte linnen
Te droogen legde op de heg, en binnen
In huis schreide soms een zuigeling. —
Lang zaten wij daar op den breeden ring,
Den stadsmuur, waar de kamperfoelie klom
Omhoog met wingerden, klawieren krom
Kropen de muur over, de gracht benee
Was als een schor nat, van de Zeeuwsche zee.

En daar ook deed ze mij verscheide vragen,
Vragen hoog klimmende in fijne wagen
Van hare stem als tegen heuvels op:
We spraken lang, terwijl we van den top
Der kerketoren telkens de uren hoorden.
Nooit waren tonen zoet als die ik hoorde
Suizelen van haar mond, de lucht inklimmen:
Voor mij omneveling van alle kimmen
Met tranendampen, en een wereldgroot
Gevoel in mij. Ze sprak me van haar dood.

Wij keerden ook weer in de stad terug —
De zon week uit de straten al terug
En was veel lager aan de Westerkant.
De straten waren stil en aan den band
Der effen grachten lagen stil de schuiten.
De steenen werden paarser om de ruiten
Die zelf ook blauw besloegen, het gordijn
Ging hooger in de ramen van 't kozijn.
Toen werd het zonlicht west'lijk weggedragen
Zooals een Oostersch heer, die op zijn wagen
Lang omgereden heeft door zijne stad,
En nu 't paleis genaakt. 't Gelaat is mat
En lichtgeel en lichtgoud onder den waaier.
Zoo ging de groote zon heen met gelaaier
Van licht rondom zich, in een palankijn

De velours aussi rouge que le vin.

Des groupes de femmes se réunirent
Dans la rue, bavardant pour adoucir
Leur vie rude, et des vieux venaient jouir
Du soir de la vie au seuil des demeures,
Et ils méditaient de derrière leurs
Lunettes sur les choses et les gens.
Il restait un échafaudage, en rangs
Alors les maçons ont grimpé en bas.
Seul un jeune homme blond est resté là,
Debout en haut il resta encore un peu,
Comme on voit dans les bois un héron bleu
Dressé au sommet d'un arbre — tout autour
Il vit les dernières rougeurs du jour
Et rit, puis il descendit dans le soir
En fredonnant un air sans le savoir.

La nuit vint, sans que les lampes ne brûlent.
Les rues se turent, mais dans les vestibules,
Aux fenêtres, des femmes, peu en nombre —
Vieille ici, jeune là, fixaient de l'ombre
De leurs chambres la rue moins obscurcie.
Une fois nous parvint la mélodie
D'un violon derrière une maison,
Une fois dans un couloir un pinson
Gazouilla, emprisonné dans sa cage.
Et les gens noirs rentraient dans leurs ménages,
Pleins d'espoir mais las comme des bestiaux.
Les tilleuls somnolaient sur les canaux,
Les eaux étaient prises d'un tremblement
À chaque fois que les frôlait le vent.

Quand la nuit fut là, la nuit aux mains noires,
Noire de naissance, au grand désespoir
De la terre, nous montâmes aussi
Dans la maison. Et dans cette nuit
Restâmes sans dormir, sans rêver, chantant
Les chants du sommeil et de la mort, quand
La joue pâlit, dans la gorge la voix
Se noue d'émotion. Pâle devant moi
Se tenait Mai, et de sa bouche les sons
Passaient le portail ouvert, procession

Van gloed karmijn, fluweel zoo rood als wijn.

En groepen vrouwen kwamen op de straat
Bijeen, die troosten 't leven met gepraat,
Haar moeilijk leve', en grijsaards die het laat
Leven het meest genoten zaten stil
Dicht onder huis op stoep, door hunnen bril
Rustig de mensche' en dingen aan te zien.
Een steiger stond nog voor een huis, van dien
Kwamen de mets'laars klimmen in een rij.
Een jong man met blond haar was ook daarbij,
Die bleef nog staan heel boven op den steiger,
Zooals men ziet in 't woud den blauwen reiger
In 't topje van den boom staan — hij keek rond
Naar den roodgeel en zwarten dagavond
En lachte in den avond, en een lied
Neuriënd dalend, wist hij 't zelve niet.

De nacht kwam weer, schoon lampen nog niet brandden.
De straten werden stil, maar aan de wanden
Waar glazen waren, bleef een enkle vrouw —
Een oude hier, een jonge daar, in schauw
Der donkre kamer naar de straat te zien.
Eens hoorden ik en zij het melodieën
Achter het huis van snaren van een veel,
Eens uit een gang het heldere gekweel
Van lijstervink, die zat gekooid gevangen.
En zwarte mannen kwamen met verlangen
Naar huis als moede beesten en de linden
Stonden aan grachten zwaar van slaap, gezwinde
Rillingen voeren over het grachtwater,
Wanneer de wind zich neerlag op het water.

Toen dan de nacht er was, de zwartgehande,
De zwartgeborene die tot een schande
Der aarde is, beklommen wij het huis.
En in dien nacht zaten wij samen thuis
En sliepen niet en droomden niet, de zangen
Van slaap en dood die zongen we, die wangen
Verbleeken en benauwen in de keel.
hartstochtelijke stem. Voor mij, bleekgeel
Zat Mei weer en haar mond stond altijd open
En liet de klanken door, die als bij hoopen

D'hommes et de femmes près d'un cercueil,
Qui se dispersent un jour de grand deuil.

Elle chanta seule ou à l'unisson
Avec moi, chœur triste et sombre ; les noms
De toutes les choses qu'elle avait vues
Tremblaient sur sa langue, dépourvues
De joie, en longues plaintes, puis joyeux
Parfois quelque son plus gai, quand ses yeux
Brillaient, et son visage ressembla
À un phare, et elle tendit les bras.
Mais elle alors sombra dans la douleur,
Bras baissés, tête entourée de noirceur,
Comme un ronflement d'abeilles son chant
Ronflait, puis un silence larmoyant.
Alors nous nous taisions pendant des heures,
Perdus en nous, entourés des lueurs
Du silence et de cette obscurité
Qui vibre aux yeux comme une cécité.
À l'extérieur nous n'entendions plus rien,
Ma chambre était une tombe très loin
Des pas de tous les hommes, au milieu
Du chaud désert, le soir est rouge, en feu,
Le rouge au matin y regarde aussi —
Nos yeux à tous deux regardaient ainsi.

Et ainsi vint enfin le dernier jour,
Bûcher du jour, avec le vif humour
Des flammes au dépens du bois qui brûle.
Dans le froid demi-jour du crépuscule
Matinal elle vint plus près de moi,
Se blottit à mes genoux, y posa
Sa tête aux cheveux si lourds, moi enfin
J'en caressai les boucles de la main,
Baisai ses cheveux blonds ; elle est restée
Très silencieuse et d'abord sans pleurer,
Comme une enfant, mais sa respiration
Haletait chaude. Et comme des flocons
De neige lentement des larmes lourdes
Flottaient sur ses joues. – Et comme au soir sourdent
Les rayons du soleil, je vis en elle
Mourir beaucoup de lumière — un autel
Où la nuit le feu brûle faiblement,

Mannen en vrouwen bij begrafenis
Uitliepen, op een dag van droefenis.

Zoo zong ze soms alleen en soms wij samen
Als sombere bedroefde koren, namen
Van vele dingen die ze had aanschouwd.
Beefden nu weer van hare tong, berouwd
Door klaaglijk lied, eentonig lang getreur,
Heel soms een blijde noot, wanneer ze heur
Oogen deed lichten, en haar hoofd een baken
Gelijk werd, en haar armen vooruit staken.
Maar dan zonk ze terug in droefenis,
Met hare armen en de duisternis
Was om haar hoofd, als 't gonzen van de bijen
Gonsde haar zang dan en haar stille schreien.
Dan zwegen wij weer heele uren stil
In ons gezonken, om ons het geril
Der stilte en 't flikkren van de duisternis
Die trilt voor de oogen en als blindheid is.
Wij hoorden buiten niets, zooals een graf
Was mijne kamer, dat ligt heel ver af
Van aller menschen schreden in den schoot
Der warme woestenij, en 's avonds rood
En 's morgens rood schouwen er over heen —
Zoo schouwden ook de oogen van ons tweeën.

En zoo kwam eindelijk de laatste dag,
Brandstapel van een dag, het fel gelach
Der vlammen om het arme brandend hout.
Toen het nog schemerde en 't om ons koud
Van morgenlicht werd, kwam ze dichter bij me,
En knielde aan mijn knieën en ze lei me
Het hoofd zoo zwaar van haar daar neer en toen,
Terwijl mijn hand op hare lokken was, een zoen
Kuste ik op het blonde haar, bleef zij
Zwijgen aldoor en eerst zonder geschrei,
Zooals een kind, maar 'k voelde adem schokken
En branden uit haar mond. En toen als vlokken
Van sneeuw zoo langzaam, dreven groote tranen
Haar wangen af, — En zooals 's avonds 't tanen
Van 't zonlicht is, zoo zag ik nu uit haar
Veel licht verscheiden — zij, als een altaar
Waar 't vuur maar flauw brandt in den donkren nacht,

Une étincelle encore, qui attend.

Alors Mai se lève, et moi avec elle —
Devant moi ses cheveux encore étincellent,
Et ses yeux — elle repose sa tête
Près de la mienne et je vois que s'arrêtent
De briller ses yeux à travers les larmes,
Et ses bras serrés à mon cou : le charme
Des bras de la lune, si fins et clairs.
Ainsi rapproche-t-elle aussi d'un air
Triste son visage du mien, emplit
Mes yeux de son regard, mon cœur périt.
Puis elle part, sa bouche sans un mot,
À reculons, je la vois au linteau
Du seuil, sans me quitter des yeux jamais.
Puis elle part et je reste sans Mai

Dehors c'est la lumière désinvolte,
Ivre de la nuit, et qui se révolte
Au matin contre toute obscurité,
Choisit un chef : le soleil, prosternée
Se perd dans sa brillance, dans laquelle
Elle tombe et meurt de lutte mortelle
Contre la nuit, qui périt aussi : reste
L'astre seul et ses rayons, fier et leste.

Tristement seule elle entre dans ce jour.
Les arbres bruissent de leurs feuilles pour
Mentionner la brise, et les jeunes oiseaux
Perchent sur les remparts ou tels de hauts
Boulets ils volent d'une branche au mur.
Les cloches si tôt sonnent l'heure obscure,
Rêveuse et triste elle glisse et émerge
De la ville, suit la digue, la berge
Du grand courant qui lutte avec son eau.
Elle pense à moi et à mon fardeau
De la perdre, elle, et si je trouverai
Bientôt un autre amour que j'aimerai
Autant que je l'ai aimée jusqu'ici.
Songeant à la mort elle veut aussi
Voir ce qui est mort dans l'herbe, n'y voit
Pas de mort ni aucun deuil. Car la voix
Du printemps remplit les fleurs des parterres

Bleef over, maar waar één vonk gloeit en wacht.

En toen zij opstond, stond ik ook naast haar —
Nog fonkelde zij voor mij van heur haar
En van haar oogen — lei ze nog haar hoofd
Dicht aan het mijne en ik zag gedoofd
Worden haar oogen weder door haar tranen,
En de armen om mij, zooals van de mane
De armen zijn, zoo fijn en ook zoo licht.
Zoo bracht ze ook haar droeve aangezicht
Dicht aan het mijne en bleef heel lang staan,
D'oogen in mijne, mijn hart ging vergaan.
Toen ging ze heen, terwijl haar mond niet sprak,
Achterwaarts heen, ik zag haar in het vak
Der deur staan, met de ooge' aldoor op mij.
Toen ging ze heen en was ik zonder Mei.

En toen ze kwam in 't licht en dronken buiten,
Bedronken door den nacht, en dat te muiten
Des morgens slaat uit duister en zich kiest
Een opperhoofd: de zon, en zich verliest
Voor hem en voor zijn glans, waarin het valt
En sterft en opgaat na den doodstweespalt
Met duisternis, die òòk sneeft: Daar bleef hij
Met al zijn schijn alleen en trotsch en blij.

En droevig eenzaam kwam zij in dien dag.
De boomen maakten in hun loof gewag
Van morgenwinden en de jonge vogels
Zaten er op de wallen of als kogels
Vlogen ze van een tak boven den muur.
De klokken sloegen een vroeg morgenuur,
En droomerig en droevig gleed ze voort,
De poorte uit, een dijk langs en het boord
Des grooten strooms die met zijn water vocht.
Ze dacht aan mij en hoe ik wezen mocht
Nu zonder haar en of ik eene lief
Spoedig zou vinden, die ik even lief
Zou hebben als ik haar wel had gehad.
Toen dacht ze aan den dood en keek naar wat
Dood in het gras kon zijn, maar dat was niet
De dood noch droefheid. Want het leven schiet
In lente ied're bloem en ieder kruid

De force vive, droit hors de la terre. —
Ainsi va son dernier jour tristement.

Mais alors Soleil, son père, en riant
Se mit à briller de plus belle, et fier
La couvrit de sa plus pure lumière,
Lui donnant ce qu'il n'aurait sinon laissé
Qu'au meilleur sur terre de ses baisers :
Purs lacs alpestres, montagnes de neige
Hors de portée, et que le privilège
De voir n'est donné qu'à un en cent ans.
Elle le vit, et en elle sentant
Le désir et le fait vrai d'être ainsi,
Fut froide comme l'or, une enfant qui
Jeune encore vit entre joie et chagrin.
Ainsi devint-elle et le soleil vint
Tresser un voile après l'autre à ses yeux.
Un horizon après l'autre fut bleu,
Le haut ciel bleuissait, et de très près
L'arbre et tout son feuillage se dorait.
Tout était doré, de même apparence,
Elle aussi se sentit dans l'opulence
De qui est seule à jamais et n'a plus
Rien à gaspiller, qui a tout perdu
Sauf sa propre vie, si ce n'est soi-même.
Et dans ce don divin, voûte suprême,
Elle avança, cela l'accompagna,
Elle-même plus dorée que cela,
Chevelure d'or en gerbe autour d'elle,
Dont les épis de blé pendent, s'emmêlent.

Alors elle vint — oh je sais où c'est,
Dans l'herbe vierge du pré le plus frais
Entre quatre chênes aux feuilles rousses
Du sang du printemps, aux tendres pousses
Que rien n'endommageait mais que l'éclat
Du matin fit trembler, puis les calma.
Cette alcôve s'emplit de sa lumière,
Le dessous des feuilles brillait plus clair,
Bleu le ciel parmi les frondaisons vertes
Au feuillage immobile, vent inerte.

C'était le sanctuaire le plus saint,

Vol krach en glans, en recht de aarde uit. —
En zoo werd droevig hare laatste dag.

Maar zon, haar vader, ving toen met een lach
Een nieuwer glanzen aan en toen terstond
Wikkelde hij het louterst licht daar rond,
Dat zamelend wat anders van zijn kussen
Het beste van de aarde ten deel valt, tusschen
De bergen reinen meren, berg van sneeuw
Ons onbereikbaar, en in ééne eeuw
Misschien het aanzicht van een enkel mensch.
Dat zag ze, en ze voelde in zich wensch
En toen ook werk'lijkheid van zoo te zijn,
Zoo koel als 't goud, zoo koel als 't kind dat klein
Nog is en tusschen vreugd en droefheid leeft.
Zoo werd ze en de rijke zon omweefd'
Eén sluier na de andre om haar oogen.
Eén horizon verdween na de ander, hooge
Blauwende hemel en van zeer nabij
Had boom en loover een verguld kleedij.
Alles was ééne kleur, alles gelijk,
Zij zelve voelde in zich even rijk
Als wie voor goed alleen is en niets kan
Nu meer verliezen of verkwisten dan
Alleen zijn leven en zijn eigen zelf.
En in dat godsgeschenk, dat goudgewelf
Liep ze al voort en voort, het schoof met haar,
Zij zelf het goudst daarin, het gouden haar
Een korenschoof rondom haar waar de aren
Uit neerhangen en zich de schoof omscharen.

Toen kwam ze — o ik weet wel waar het was,
Het was in 't jongste ongereptste gras
Tusschen vier eiken die hun roode blaân,
Nog rood hadden van 't lentebloed, te schaân
Door niets, maar wel door 't morgenlicht te kussen,
En dan aan 't trillen en elkaar te sussen.
En vol van haren gloed werd die kapel,
De onderzij der bladen glommen schel,
Blauw was de hemel tusschen 't groene loof,
Het roerloos loof, de wind was stil en doof.

Dat was der aarde heiligst heiligdom,

Elle y était : toute droite et courbé rien,
Ni son cou ni son genou, sans soucis.
Ainsi se dressait-elle en ce jour-ci,
Plus belle en ce matin que tout sur la terre.
Elle réfléchit beaucoup, mais sans faire
De bruit dans son calme : un seul sentiment
Rafraîchit son sang rouge et son corps blanc.

Comme un beau matin d'été un bateau
Chargé de voiles vient de la grande eau,
S'élève sur les vagues et s'allume,
La tête au clair et les pieds dans l'écume :
Comme un trois-mâts vient un matin d'été,
Se révélant hors de l'obscurité,
Se parant lui-même des fanions d'or
Du soleil brillant dans ses mâts, alors
Que des vaguelettes dorent sa proue —

Comme une enfant un matin d'été joue
Au jardin, tourne en rond sans s'arrêter
Sur les plats chemins, chargée de clarté,
Baignant dans la lumière du soleil
Mais ne sait pourquoi son cœur s'émerveille —

Comme une fleur d'été rouge, pavot,
Reste calme et rouge au milieu du flot
De feu du soleil qui se brise au sol,
Étouffant l'herbe roussie : mais son fol
Bonheur reste aussi grand : son fanion rouge
Claque au vent, ou sous le soleil ne bouge —
Ainsi Mai d'une jouissance entière
Restait dans la chaleur de Dieu le Père,
Sans comprendre, et gardait la tête bien
Droite, bras ballants, ne pensant à rien.

Puis elle pencha sa tête gracile
Quand l'heure s'emplit, et baissa des cils
Alourdis de rêves, avec lenteur.
Elle devint d'une tendre pâleur,
Pâles et rouges tour à tour ses doigts.
La brume d'or s'éteignit, les parois
Du bastion lumineux emportèrent
Tout ce qui n'était pas pur, dérivèrent

Zij stond er: alles recht en niets meer krom,
haar hals niet en haar knie niet, zonder zorgen.
Zoo stond zij op dien laatsten dag, dien morgen
Het schoonst, het guldenst wat op aarde is.
Zij dacht no veel, maar tot bekentenis
Kwam niets meer in haar kalmte: één gevoel
Hield 't roode bloed en 't blanke lichaam koel.

Zóóals op zomermorgen binnenzeilen
De groote zee een schip komt, zwaar met zeilen,
Maar licht zich heffend op der golven vloed,
Het hoofd in 't reine, in het schuim de voet,
Zoo is de bark die zomermorgens komt,
Zichtbaar uit duisternis, van nacht ontmomd,
Zichzelve sieren met de gouden wimpels,
De zonnestralen aan den mast en rimpels
Ook wimpelend van goud voor om den boeg —

Zooals een kind dat zomermorgens vroeg
Den tuin inkomt en over vlakke paden
Omme en om gaat, met zonlicht beladen,
Wadend door licht, gevuld met zonnegloed.
Zij weet niet wat haar hart zoo tint'len doet —

Zóó als een bloem van zomerrood, papaver,
Rustig vol staat, midden in gedaver
Van zonnevuur dat valt den grond in stuk
En smoort en schroeit het gras: maar zijn geluk
Blijft even groot: hij laat zijn roode vaan
Wapp'ren op wind of in de zon stilstaan —
Zóó stond ze in het grootst en stilst genot,
Het onbegrepen', in den gloed van God
Den Vader, en hield recht het hoofd omhoog,
Haar armen stil, terwijl niets òverwoog.

En teer begon het hoofd over te neigen
Toen 't volste uur gevuld was, en te zijgen
De wimpers droom'rig neer, heel langzaam aan.
En teeder bleeker werd ze, af en aan
Voer bleek en rood op hare moede handen.
Nevel van goud week uit, uitzettend wanden
En walleschansen licht en medenemend
Al wat niet gansch'lijk rein was en heenzwemend

Les elfes vivants afin que ce lieu
Reste pour elle seule, comme un creux,
Un étang limpide où ne flottera
Qu'un seul cygne, qui ne bougerait pas.

Et tout autour l'herbe sans ombre fut
Baignée d'étincelles, une étendue
Comme en mer ou sur les étangs très vastes
Quand le soleil de midi brille faste.

Comme une tour éclairée de soleil,
Pierre après pierre ses hauts murs s'étayent,
Hauts le fin granite et les fins rayons.
Le soir arrive et depuis l'horizon
Penchent les rayons, vieillit la tour sombre,
Et des pieds au faîte est envahie d'ombres,
Ses épaules courbées de vieillesse —

Comme un chêne à la montagne s'affaisse,
Courbé par les flammes qui le consument,
Frappé par la foudre, brindilles fument :
Telle une maison en feu sur la pente.
Une pluie noire tombe et l'éteint, lente,
Le tronc calciné va tomber, se penche,
Quelques flammes dansant au bout des branches —

Comme une fleur d'été rouge, pavot,
Se ride en se fanant, et le pivot
De sa tige délicate se penche —
Ainsi Mai courba la tête aussi, blanches
Devinrent ses joues, de pâleur pâlirent,
De faiblesse faiblissait le désir
Qui brûle dans les yeux de tout mortel.
De plus en plus l'enceinte s'ouvrait-elle,
Le ruban de feu à des cavaliers
Pareil, qui se dispersent pour chasser
Des mutins : ils font le silence au loin.

Et elle sentit approcher la fin :
La volonté dernière des mourants,
La volonté de mourir que ressent
Le genre humain et qui le pousse alors
À vouloir la terre où reste le corps.

Met levend' elven dat het heiligdom
Alleen voor haar zou blijven, als een kom,
Een klare vijver waar heel niets in drijve
Dan ééne zwaan en die nog roerloos blijve.

En rondom werd het schaduwlooze gras
Besprenkt met vonken als een waterplas,
Zooals de groote meeren van de zee
Wanneer de zon staat in de middagstee.

Zóó als een zonverlichte groote toren
Dien blok op blokken metselsteenen schoren,
Omhoog is 't fijn graniet en schijnt de zon,
De avond komt en van den horizon
Komen de stralen, hij wordt donker ouder
En van zijn voeten tot den hoogen schouder
Is hij vol schaduwen en ouderdom —

Zóó als een eik die op de bergen krom
Boog van de vlammen waar hij zich verbrandt,
Bliksemgetroffen, 't kleinste takje brandt:
Een huis van vuur geleek hij op de hoogte.
Een donkre regen viel en doofde, boog te
Vallen den zwartenden verkoolden stam,
Op enk'le takken danst nog weinig vlam —

Zóó als die bloem van zomerrood, papaver,
Rimpelt zijn rood, verwelkend, en zijn staaf er
Zijn teeren stengel langzaam buigt omlaag —
Zoo boog ook Mei langzaam haar hoofd omlaag
En bleek en bleeker werden hare wangen,
En flauw en flauwere werd ook het verlangen
Dat in de oogen brandt der sterveling.
Al verder en al verder week de kring,
De wollige band van vuur, zooals de ruiters
Die uitrijden uiteen en op de muiters
Een aanval doen: ze maken 't heel ver stil.

En in zich voelde zij het laatste: wil,
Den allerlaatsten wil der stervenden,
Den wil tot doodzijn die het zwervende
Menschengeslacht doet stilstaan en hen drijft
Van zelve naar den grond waar 't lichaam blijft.

Elle eut le vertige et devint légère,
Une plume d'aile qui se libère :
Elle descendit mais ne tomba pas :
Ainsi sur l'eau un roseau fléchit bas.

Comme une enfant qui était dans la vie,
Une fleur d'été dans l'herbe assoupie,
Pavot rouge qui maintenant sommeille ;
Ainsi le dernier rayon du soleil
L'éclaira, la rougit d'une étincelle,
Doré encore — et mourut avec elle.

La lune apparut quand Mai mourut là,
Elle couvrit la terre, et souleva
De l'herbe et emporta le corps froid-mort.
Que restait-il donc de son nom si fort ?
Luisant ainsi bleuâtre, le visage
Gris de tristesse, son gris équipage
De deuil et de tristesse l'escorta
Très haut au-dessus des champs jusqu'à moi.
Je la vis au-dehors de la cité,
L'enfant dans ses bras, je me suis levé
Et me rendis vers elle, l'accompagnai,
Elle allait si haut que l'enfant se voyait.
Quand nous arrivâmes au grand courant
Je descendis, elle posa l'enfant
Pâle sur la berge, et moi je pleurai
Les yeux de ma tête ; elle répandait
Sa lumière du ciel sur toute la terre.
Dans mon amour je sus alors que faire
Et suivis le courant dans un bateau
À travers le plat pays — là où l'eau
Se donne à la mer, là je débarquai,
Et longeant la plage l'accompagnai
Sans un bruit, mais nous fûmes entendus.
Car des champs les elfes sont apparus,
Des airs les Nibelungen descendirent,
Et sur la mer les tritons qui se mirent
À chanter un chant derrière mon dos.
Et puis les douze heures qui depuis beau
L'attendaient, elle et leur triste devoir :
Visage haut ils portaient un brancard,
L'emportèrent loin et plus loin. J'allai

Ze duizelde en in die duizeling
Werd ze zoo licht, een veer die uit den zwing
Der duive valt: ze daalde en viel niet:
Zoo valt een riethalm over in den vliet.

Zóó als een kind dat in het leven was,
Zóó als een bloem van zomerrood in 't gras,
Roode papaver die nu neder ligt,
Zoo lag ze en der zonne laatste licht
Scheen op haar, maakte haar een weinig rood
En goud voor 't laatst — en ging toen met haar dood.

De maan kwam toen ze daar gestorven was
En kwam over de aarde, uit het gras
Nam ze en beurde het doodkoel lichaam.
Wat was er over van haar warmen naam?
En zoo met blauw licht om zich, en gelaat
Van droefheid grauw en met een grauw gewaad
Van rouw en droefheid achter zich, ging zij
Hoog over de velden en kwam zoo tot mij.
Ik zag haar toen ze stond buiten de stad,
Het kind in hare armen, en ik zat
Niet meer, maar ging tot haar, en ging mee, neven
Haar, zóó hoog dat ik 't kind zag, opgeheven.
En toen wij kwamen bij den grooten stroom
Daalde ik weer, zij legde aan den zoom
Het bleeke kind en wijl ik weende, weende
Mijn oogen en mijn hoofd stuk, ging ze en scheen de
Wereld vol van licht van uit den hemel neer.
Ik wist wat ik zou doen en haar begeer,
En in een boot ging ik den stroom toen af,
In gonzend water door laag land — daar gaf
Hij 't water in de zee, daar steeg ik uit.
En langs het strand ging ik met haar, geluid
Maakten wij niet, maar werden toch gehoord.
Want uit het land kwamen de elven voort
En uit de lucht de hemelnevelingen,
En uit de zee tritonen en te zingen
Begonnen zij dicht achter mij gezang.
En toen de twalef uren die al lang
Wachtten op haar en op hun droeven plicht:
Ze hadden eene baar en het gezicht
Omhoog, droegen ze haar al ver en verder.

Devant, moi, qui toujours l'accompagnai
En bon berger, puis toujours plus de monde :
Venant des dunes partout à la ronde
Ils glissaient et descendaient, de la houle,
De chaque vague des tritons en foule
Qui chantaient une complainte de deuil.
Jusqu'au bord de la mer, là sur le seuil
Où elle vint à terre nous restâmes.
Les dunes se peuplèrent et les lames
Du ressac peuplées d'une foule nombreuse,
Figures claires, fumées lumineuses
Planant sur nous, et d'autres tout autour.
Puis les gnomes jouèrent du tambour,
Les elfes et les tritons des cymbales,
Tous ensemble nous chantions en chorale
De longs récits, des chants de désespoir.
Puis les heures comprirent leur devoir
Et la posèrent là, et me laissant
Seul avec elle se mirent en rang,
Regardant avec le reste de la foule.
Je creusai une tombe, dont la houle
Vint couvrir le fond, et l'y déposai,
Du sable dessus : les vagues venaient
Et partaient avec un rire ou des pleurs —
C'est là que ma petite Mai demeure.

En ik vooraan, ik, die haar goede herder
Geweest was en er achter altijd meer:
Ze kwamen uit de duinen keer op keer
Glijden en dalen en uit alle golven
Staken er Tritons en het lijf bedolven
Zongen en zongen ze het lijkmisbaar.
Totdat we kwamen aan de zeezoom, waar
Zij 't eerst geland was, daar hielden wij stil.
De duinen werden vol en het geril
Van 't eeuwig brandend water stond vol ook,
Lichte gestalten, als verlichte rook
Zweefden er boven ons ook vele om.
Toen speelden eerst de gnomen op hun trom
En toen de elven op hunne cymbalen,
Toen Tritons, toen wij alle saam, verhalen,
Lange verhalen zang en droefenis.
Toen werden de uren van hun taak gewis
En zetten haar daar neer en lieten mij
Met haar alleen en gingen in een rij,
En zagen met de andren samen toe.
Ik groef een graf waar golven komen toe-
Dekken het zand en legde haar daar neer,
Daarover zand: de golven komen weer
En dalen weer met lachen of geschrei —
Daar ligt bedolven mijne kleine Mei.

Table

Introduction   5

Chant premier   16

Chant deuxième   80

Chant troisième   194